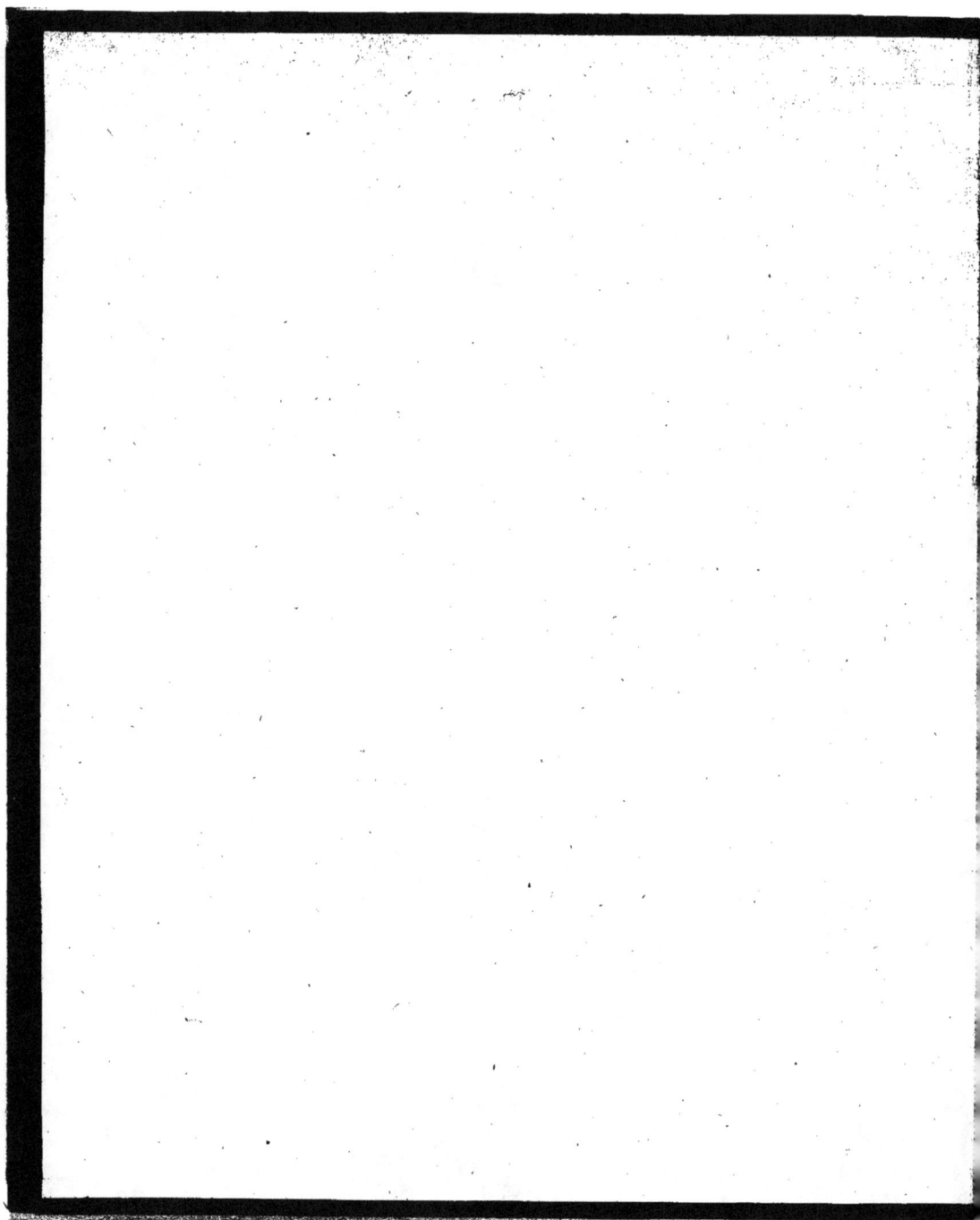

LA BOURGOGNE

MONUMENTALE & PITTORESQUE

ALBUM

Contenant les vues photographiées des principaux monuments
de la Bourgogne
par

A. BOULLAND, photographe

avec les

NOTICES HISTORIQUES

rédigées par

J. B. PAQUIER

Professeur à l'École normale spéciale de Cluny

Livraison

CLUNY
IMPRIMERIE J. M. DEMOULE, PLACE DE L'HÔPITAL

1872

LA BOURGOGNE

MONUMENTALE & PITTORESQUE

ALBUM

Composé de vues photographiques des principaux monuments
de la Bourgogne

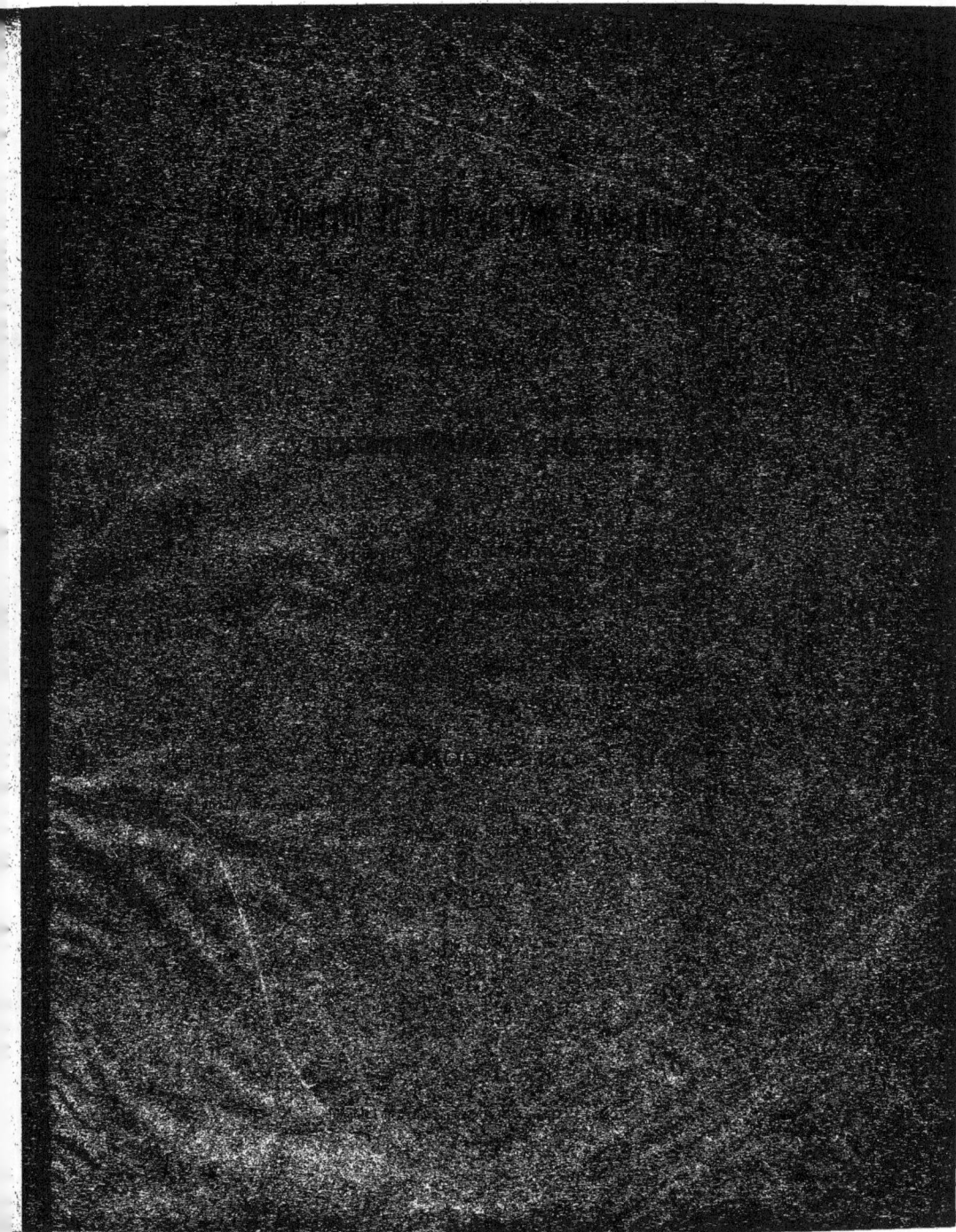

LA BOURGOGNE MONUMENTALE ET PITTORESQUE

PARAIT DEUX FOIS PAR MOIS

PRIX DE L'ABONNEMENT :

Pour 10 livraisons : 20 francs.
Pour 15 livraisons : 30 francs.
Pour 20 livraisons : 40 francs.
Une livraison détachée : 3 francs.

ON S'ABONNE :

A Cluny, chez A. BOULLAND, photographe, et chez les principaux libraires de Mâcon,
Chalon, Autun, etc.

Cluny. — Imp. J.-M. Demoule, place de l'Hôpital.

LA BOURGOGNE

MONUMENTALE & PITTORESQUE

ALBUM

Contenant les vues photographiées des principaux monuments
de la Bourgogne

PAR

A. BOULLAND, photographe

AVEC LES

NOTICES HISTORIQUES

RÉDIGÉES PAR

J.-B. PAQUIER

Professeur à l'École normale spéciale de Cluny

Livraison 2

CLUNY
IMPRIMERIE J.-M. DEMOULE, PLACE DE L'HOPITAL

1872

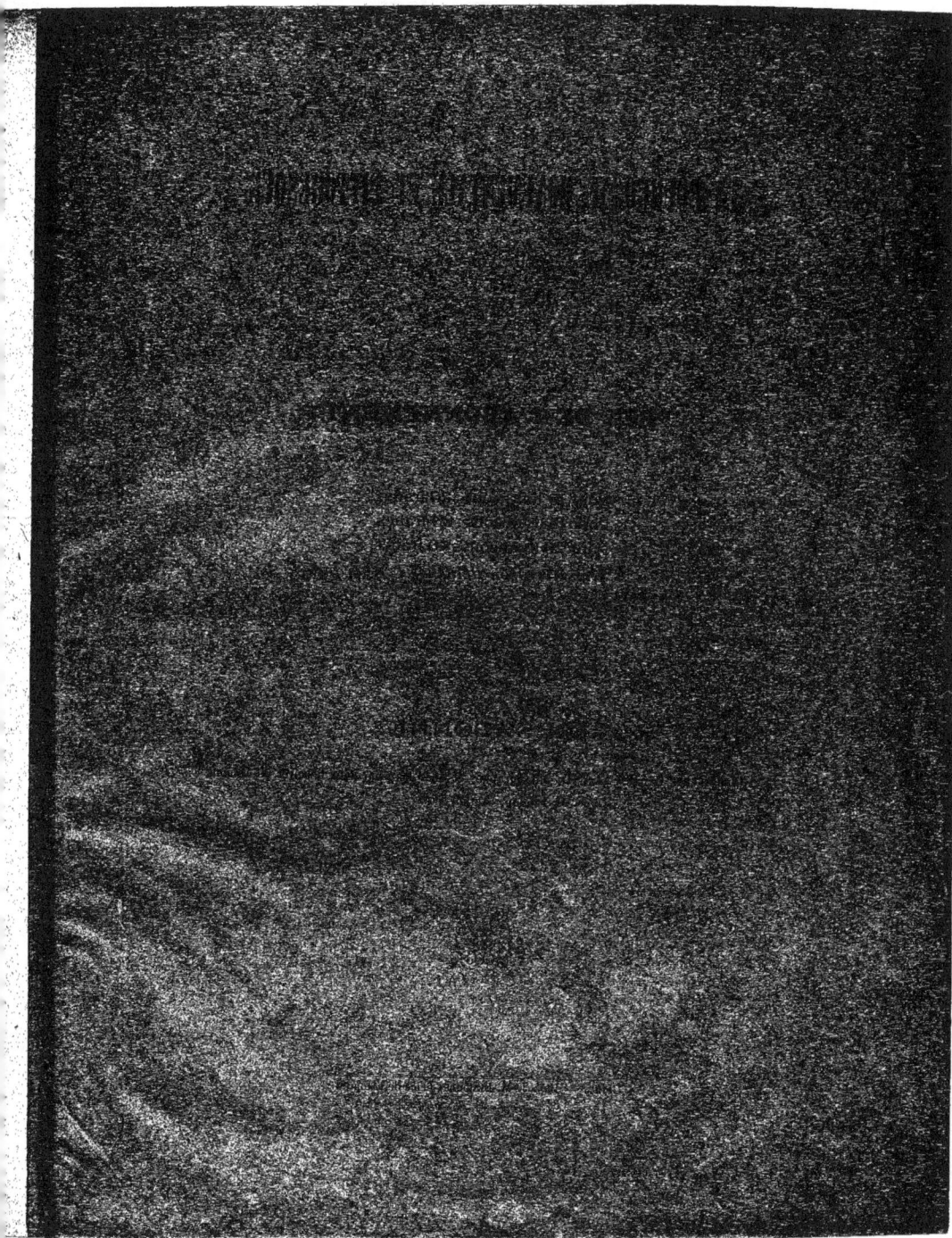

LA BOURGOGNE MONUMENTALE ET PITTORESQUE

PARAIT DEUX FOIS PAR MOIS

PRIX DE L'ABONNEMENT :

Pour 10 livraisons : 20 francs.
Pour 15 livraisons : 30 francs.
Pour 20 livraisons : 40 francs.
Une livraison détachée : 3 francs.

ON S'ABONNE :

A Cluny, chez A. BOULLAND, photographe, et chez les principaux libraires de Mâcon,
Chalon, Autun, etc.

Cluny. — Imp. J.-M. Demoule, place de l'Hôpital.

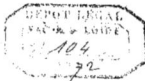

INTRODUCTION

Au lendemain d'une guerre malheureuse et terrible dans ses résultats, qui nous enlève avec quelque chose de notre gloire une ou deux de nos plus belles provinces, il semble qu'on doive s'éprendre d'un amour plus profond et plus jaloux pour sa patrie, l'entourer d'une sollicitude plus grande, apprendre à la mieux connaître et à la mieux apprécier pour aussi la mieux défendre un jour. On aime à reporter son regard attristé sur chacune des beautés si nombreuses de notre sol, parfois trop négligées ou qui passaient inaperçues ; à faire de nouveau le compte des richesses que l'on peut conserver encore ; et dans cette étude scrupuleuse de ce qui assure la fertilité, la richesse et la renommée de notre pays, se retrempe notre patriotisme qui redevient plus pur, plus fort et surtout plus confiant dans l'avenir.

C'est donc à faire mieux aimer le pays commun que chacun doit travailler aujourd'hui, dans la mesure de ses forces ; et c'est là le but qu'on se propose d'atteindre en publiant l'album de la *Bourgogne monumentale et pittoresque*. Bien souvent déjà, il est vrai, et toujours avec talent, on a essayé de reproduire et de décrire les principaux sites et les principaux monuments de notre vieille province ; mais le succès obtenu par ces précédentes publications, loin de nous décourager, est pour nous d'un augure favorable. N'est-on pas toujours sûr de trouver partout un bienveillant accueil quand, faisant abstraction de tout ce qui pourrait passionner la foule, quand, s'élevant au-dessus de tous les partis qui divisent, on vient simplement et sincèrement parler à tous de ce que tous peuvent admirer, aimer et respecter. Du reste, la mine est loin d'être entièrement exploitée ; et chaque jour se révèle quelque beauté nouvelle, quelque découverte précieuse qui attire le regard et plaît à l'esprit.

Nulle autre région en effet ne pourrait être plus fertile en souvenirs, ni plus riche en monuments de toutes sortes que cette longue vallée de la Saône, qui se prolonge au pied du massif du Morvan, des monts du Charollais et de la Côte-d'Or jusqu'aux confins de la Lorraine et de l'Alsace. C'est elle qui a marqué la voie à toutes les grandes invasions venues du nord ou du midi ; là sont passées les légions de César qui commençaient la conquête des Gaules ; là ont débouché les Vandales, les Suèves, les Alains, les Burgondes et plus tard les Hongrois ; par là se sont précipitées les troupes dévastatrices des Sarrazins, dont les traces se retrouvent encore dans plusieurs de nos villes et de nos villages. Mais là aussi commença l'Evangélisation de l'Occident avec les premiers évêques-martyrs de l'Orient ou les missionnaires anglo-saxons; et d'Arles à Luxeuil se sont échelonnés à chaque pas les monastères et les couvents qui furent dans ces temps de barbarie et d'ignorance profonde les avant-postes de la civilisation chrétienne et les centres de la culture intellectuelle.

C'est dire que nous retrouvons le long des collines, des côteaux ou des montagnes qui vont en s'étageant de la Saône à la ligne de faîte des Cévennes ; dans les vallées profondes qui se trouvent enfermées dans leurs plis; le long de ces cours d'eau nombreux qui fertilisent le sol, une foule de monuments curieux encore intacts ou à moitié détruits ou presque ruinés, qui portent écrite sur leurs pierres noircies par le temps l'histoire authentique des siècles écoulés : châteaux forts, tours et ruines, abbayes, églises et basiliques de toute dimension et de tout âge, etc. Inutile de parler d'autres souvenirs non moins précieux, qui plus d'une fois viendront inspirer l'artiste et l'écrivain : souvenirs de ces grands hommes qui ont illustré la Bourgogne, et parmi lesquels Bossuet, Lamartine et Prud'hon sont les plus chers à tous, car ils semblent résumer en eux ce que le XVII°, le XVIII° et le XIX° siècles ont produit de plus noble et de plus élevé dans l'éloquence, dans la poésie et l'art.

Tel est l'œuvre que nous entreprenons, tel est le but que nous nous proposons d'atteindre. Si nous parvenons à réveiller chez quelques-uns l'admiration d'un passé trop oublié, à augmenter chez tous l'amour d'une patrie si belle et si riche, nous croirons avoir rempli notre tâche.

J.-B. P.

LE CLOCHER DE SAINT-MARCEL

On sait très-peu de chose sur l'église de Saint-Marcel, une des deux églises paroissiales de Cluny. Sur son emplacement s'élevait, dit-on, autrefois, une chapelle consacrée à saint Théodat ou Léodat, et les fouilles nécessitées par la construction de cette chapelle avaient donné lieu à la découverte d'ossements nombreux qui couvraient la vallée, du bas du Fouëttin actuel aux bords de la Grosne. C'était probablement un lieu de sépulture qui remontait à un âge éloigné, aux premiers temps de l'établissement du Christianisme dans les Gaules.

Deux versions ont circulé sur l'église nouvelle. Suivant l'une, elle était destinée à desservir la population tous les jours plus nombreuse qui s'étendait aux portes de l'Abbaye, le long de la rivière, comme Saint-Mayeul desservait le quartier de la Colline. Suivant l'autre, que nous n'accueillons qu'avec une extrême réserve, elle aurait été commencée par un évêque de Mâcon, à l'époque où celui-ci revendiquait l'exercice de ses droits diocésains, et soumit l'Abbaye de Cluny à son autorité, après décision du concile provincial d'Anse. Dans la pensée de l'évêque, cette église devait avoir une certaine importance, couvrir une vaste étendue et posséder deux transepts figurant une croix archiépiscopale, signe distinctif des basiliques de premier ordre. L'église placée aux portes de l'Abbaye allait être comme le signe permanent et visible de l'autorité diocésaine sur les moines de Cluny.

On sait comment aboutit cette querelle. Grâce à la faveur des Papes, l'Abbaye recouvra son indépendance, les décisions du concile d'Anse furent annulées et l'évêque de Mâcon vertement réprimandé. C'était au moment du reste où les pontifes de Rome essayaient de fonder en Europe un pouvoir théocratique universel, et dans cette œuvre grandiose que Grégoire VII avait si bien commencée, l'Eglise romaine ne trouvait pas de meilleurs appuis ni de plus vaillants soldats que les Bénédictins de Cluny; et les Bénédictins fondaient déjà des établissements dans toutes les contrées de l'Europe occidentale.

Les conséquences sont faciles à deviner : l'église de Saint-Marcel ne fut jamais achevée. Elle ne consista, comme aujourd'hui du reste, qu'en une simple nef, très-large et peu élevée, mais sans aucun style ni ornement et d'une nudité glaciale. On croirait, en y pénétrant, entrer «dans une vaste et sombre cellule, dont les murs lézardés semblent menacer ruine. » Les seuls détails qui méritent l'attention sont un tabernacle assez bien ouvragé et un vieux baptistère taillé dans un bloc de pierre.

Mais si nous reportons notre vue sur l'extérieur de cette église, on peut trouver de quoi admirer. Nous voyons d'abord l'abside, harmonieux dans ses formes et son contour, et surtout le clocher à flèche pyramidale qui la surmonte et mérite toute l'attention du voyageur et de l'artiste.

C'est un des plus beaux morceaux que l'on doive à l'architecture romane de la seconde époque. Il daterait du commencement du XIIᵉ siècle ou de la fin du XIᵉ et serait, par cela même, antérieur de quelques années aux clochers de l'Abbaye, avec lesquels il a une grande analogie. C'est le même style. Construit tout entier en pierre, il est loin d'être massif ; sa hauteur du reste est au moins de 40 mètres, et sa forme élégante et svelte se dessine à l'horizon, avec son double rang de fenêtres, ses colonnettes, ses arcs à plein cintre, quand on l'aperçoit du Pont-de-l'Étang ou des hauteurs qui dominent la station du chemin de fer. Sa flèche en briques multicolores ajoute encore à l'effet produit. (Pour les détails d'architecture, consulter le curieux et intéressant livre de M. Penjon « *Cluny, la Ville et l'Abbaye.*»)

Mais ce n'est là qu'un débris et ce débris perd à être envisagé de près, au milieu des ruelles et des maisons mal bâties qui l'entourent. Néanmoins on peut aujourd'hui l'examiner et l'étudier plus facilement de la promenade qui va du pont de la Levée à la porte dite *de Mâcon*. La démolition des anciens remparts donne à cette partie de la ville plus d'air et une plus riante perspective, en même temps qu'elle permet à l'œil intelligent de l'artiste de jouir plus à l'aise de toutes les beautés archéologiques qu'il découvre aux flancs de la vieille église.

Terminons par un détail qui peut avoir ici son importance. C'est dans ce quartier de Cluny, et pour ainsi dire à l'ombre de ce curieux monument, que naquit notre grand peintre Prud'hon, surnommé le *Corrége français*. Une plaque commémorative en marbre blanc indique seule la maison où s'écoula la plus grande partie de son enfance. On a lieu de s'étonner que personne n'ait encore songé à gratifier la ville d'un buste ou d'une statue qui pût rappeler aux étrangers le souvenir de cet homme illustre, aujourd'hui surtout que l'on a vu tant de médiocrités artistiques, littéraires et autres, honorées d'un marbre ou d'un bronze.

J.-B. PAQUIER,

Professeur à l'Ecole normale spéciale de Cluny.

LA BOURGOGNE MONUMENTALE ET PITTORESQUE

Boulland, phot.

CLOCHER DE SAINT-MARCEL

(CLUNY)

LE CLOCHER DE SAINT-MARCEL

On sait très-peu de chose sur l'église de Saint-Marcel, une des deux églises paroissiales de Cluny. Sur son emplacement s'élevait, dit-on, autrefois, une chapelle consacrée à saint Théodat ou Léodat, et les fouilles nécessitées par la construction de cette chapelle avaient donné lieu à la découverte d'ossements nombreux qui couvraient la vallée, du bas du Fouëttin actuel aux bords de la Grosne. C'était probablement un lieu de sépulture qui remontait à un âge éloigné, aux premiers temps de l'établissement du Christianisme dans les Gaules.

Deux versions ont circulé sur l'église nouvelle. Suivant l'une, elle était destinée à desservir la population tous les jours plus nombreuse qui s'étendait aux portes de l'Abbaye, le long de la rivière, comme Saint-Mayeul desservait le quartier de la Colline. Suivant l'autre, que nous n'accueillons qu'avec une extrême réserve, elle aurait été commencée par un évêque de Mâcon, à l'époque où celui-ci revendiquait l'exercice de ses droits diocésains, et soumit l'Abbaye de Cluny à son autorité, après décision du concile provincial d'Anse. Dans la pensée de l'évêque, cette église devait avoir une certaine importance, couvrir une vaste étendue et posséder deux transepts figurant une croix archiépiscopale, signe distinctif des basiliques de premier ordre. L'église placée aux portes de l'Abbaye allait être comme le signe permanent et visible de l'autorité diocésaine sur les moines de Cluny.

On sait comment aboutit cette querelle. Grâce à la faveur des Papes, l'Abbaye recouvra son indépendance, les décisions du concile d'Anse furent annulées et l'évêque de Mâcon vertement réprimandé. C'était au moment du reste où les pontifes de Rome essayaient de fonder en Europe un pouvoir théocratique universel, et dans cette œuvre grandiose que Grégoire VII avait si bien commencée, l'Eglise romaine ne trouvait pas de meilleurs appuis ni de plus vaillants soldats que les Bénédictins de Cluny; et les Bénédictins fondaient déjà des établissements dans toutes les contrées de l'Europe occidentale.

Les conséquences sont faciles à deviner : l'église de Saint-Marcel ne fut jamais achevée. Elle ne consista, comme aujourd'hui du reste, qu'en une simple nef, très-large et peu élevée, mais sans aucun style ni ornement et d'une nudité glaciale. On croirait, en y pénétrant, entrer « dans une vaste et sombre cellule, dont les murs lézardés semblent menacer ruine. » Les seuls détails qui méritent l'attention sont un tabernacle assez bien ouvragé et un vieux baptistère taillé dans un bloc de pierre.

Mais si nous reportons notre vue sur l'extérieur de cette église, on peut trouver de quoi admirer. Nous voyons d'abord l'abside, harmonieux dans ses formes et son contour, et surtout le clocher à flèche pyramidale qui le surmonte et mérite toute l'attention du voyageur et de l'artiste.

C'est un des plus beaux morceaux que l'on doive à l'architecture romane de la seconde époque. Il daterait du commencement du XIIᵉ siècle ou de la fin du XIᵉ et serait, par cela même, antérieur de quelques années aux clochers de l'Abbaye, avec lesquels il a une grande analogie. C'est le même style. Construit tout entier en pierre, il est loin d'être massif; sa hauteur du reste est au moins de 40 mètres, et sa forme élégante et svelte se dessine à l'horizon, avec son double rang de fenêtres, ses colonnettes, ses arcs à plein cintre, quand on l'aperçoit du Pont-de-l'Étang ou des hauteurs qui dominent la station du chemin de fer. Sa flèche en briques multicolores ajoute encore à l'effet produit. (Pour les détails d'architecture, consulter le curieux et intéressant livre de M. Penjon « Cluny, la Ville et l'Abbaye. »)

Mais ce n'est là qu'un débris et ce débris perd à être envisagé de près, au milieu des ruelles et des maisons mal bâties qui l'entourent. Néanmoins on peut aujourd'hui l'examiner et l'étudier plus facilement de la promenade qui va du pont de la Levée à la porte dite de Mâcon. La démolition des anciens remparts donne à cette partie de la ville plus d'air et une plus riante perspective, en même temps qu'elle permet à l'œil intelligent de l'artiste de jouir plus à l'aise de toutes les beautés archéologiques qu'il découvre aux flancs de la vieille église.

Terminons par un détail qui peut avoir ici son importance. C'est dans ce quartier de Cluny, et pour ainsi dire à l'ombre de ce curieux monument, que naquit notre grand peintre Prud'hon, surnommé le Corrége français. Une plaque commémorative en marbre blanc indique seule la maison où s'écoula la plus grande partie de son enfance. On a lieu de s'étonner que personne n'ait encore songé à gratifier la ville d'un buste ou d'une statue qui pût rappeler aux étrangers le souvenir de cet homme illustre, aujourd'hui surtout que l'on a vu tant de médiocrités artistiques, littéraires et autres, honorées d'un marbre ou d'un bronze.

J.-B. PAQUIER,

Professeur à l'École normale spéciale de Cluny.

Boulland, phot.

LE MAUSOLÉE DU DUC DE BOUILLON

(Hospice de Cluny)

LE MAUSOLÉE DU DUC DE BOUILLON

Le mausolée du duc de Bouillon se voit à Cluny dans la chapelle principale de l'Hôtel-Dieu. Il consiste en une très-belle statue de marbre, grandeur naturelle, reposant sur un trophée d'armes antiques et représentant le duc de Bouillon lui-même; — en un piédestal revêtu de marbre, sur la façade duquel a été fouillé un bas-relief des plus remarquables au point de vue de l'art. La position du duc de Bouillon, qui a le visage tourné de côté et la main gauche ouverte sur sa poitrine, ne peut s'expliquer que par le voisinage d'un autre groupe placé en face, à l'autre angle de la chapelle. C'est la princesse Eléonore de Bergh, femme du duc, assise sur un carreau, la tête nue, et couverte d'un manteau fourré d'hermine; elle semble indiquer de la main droite une page du livre des Saintes-Ecritures que soutient un ange, et tourne ses regards attendris vers la figure de son mari. C'était sans doute une allusion à la conversion récente du duc de Bouillon qui, sur les conseils et les prières de la princesse Eléonore, avait abjuré le protestantisme pour embrasser la religion catholique. Ce groupe repose également sur un piédestal qui porte tracés en lettres dorées ces mots :

EMMANUEL-THÉODOSE DE LA TOUR D'AUVERGNE
CARDINAL DE BOUILLON, DOYEN DU SACRÉ COLLÉGE
ABBÉ DE CLUNY
BIENFAITEUR DE L'HOTEL-DIEU DE CETTE VILLE
A CONSACRÉ CE MONUMENT A LA MÉMOIRE
DE FRÉDÉRIC-MAURICE DE LA TOUR D'AUVERGNE
DUC DE BOUILLON, PRINCE DE SÉDAN
ET D'ELÉONORE-FÉBRONIE DE BERG, SON ÉPOUSE
SES PÈRE ET MÈRE

Frédéric-Maurice de la Tour d'Auvergne, vicomte de Turenne, duc de Bouillon, etc., est une des figures les plus originales du XVIIᵉ siècle. Les mémoires du temps sont remplis de ses équipées, de ses folles aventures et de ses intrigues. Il était né à Sedan en 1605; après avoir étudié sous un ministre protestant, Dumoulin, il fit ses premières armes en Hollande, sous les princes d'Orange, ses oncles maternels. En 1632, pendant le carnaval, aux fêtes que l'infante Marie-Isabelle, gouvernante des Pays-Bas, donnait à Bruxelles, il remarqua la jeune princesse Eléonore-Fébronie de Bergh, qu'il épousa deux ans après, en 1634. Jamais couple ne se trouva si bien assorti.

Douée d'une humeur aventureuse et vagabonde, élevée au milieu des troubles de toutes sortes qui divisèrent les Pays-Bas et l'Allemagne au commencement du XVIIᵉ siècle, la jeune femme seconda son mari dans toutes les tentatives d'opposition qu'il fit au cardinal de Richelieu. Le duc de Bouillon fut, en effet, sinon le plus terrible, du moins le plus remuant et le plus entêté des ennemis du puissant ministre. Il prit part à la révolte du comte de Soissons, assista à la bataille de la Marfée (1641), fut arrêté comme complice de Cinq-Mars en 1642, etc. Interrogé un jour par Louis XIII sur cette obstination qu'il mettait à troubler sans cesse le royaume : « Sire, lui « répondit-il, ce n'est pas Votre Majesté que je combats, mais l'*Ogre rouge* qui vous dévorera vous « et votre royaume. » Le roi se contenta de sourire. Quelque temps après l'Ogre rouge mourut; mais il laissait un disciple non moins habile et plus rusé. Le duc de Bouillon combattit Mazarin comme il avait combattu Richelieu, joua un des principaux rôles dans la Fronde, pendant que la princesse Eléonore, sa femme, se faisait enfermer plusieurs fois à la Bastille, déguisait en filles, pour les mieux cacher, ses quatre fils. De ce nombre était Emmanuel-Théodose, le futur abbé de Cluny. Il avait, disent les mémoires du temps, si bonne mine sous ses habits féminins qu'il faillit être enlevé par un second Lauzun; du reste, continue le malin chroniqueur, il paraissait se prêter d'assez bonne grâce à cet enlèvement.

Quelques années après le jeune Emmanuel entra dans les ordres. Pourvu d'un des plus grands noms de l'aristocratie française, parent de l'illustre Turenne, pour lequel la cour et le roi avaient toujours professé une profonde admiration, doué de tous les avantages du corps et de l'esprit, Emmanuel-Théodose de la Tour d'Auvergne arriva très-vite aux plus hautes dignités ecclésiastiques, obtint le chapeau de cardinal et entra au Conclave. Quand il siégeait au Sacré Collége, il dépensait plus de 100.000 livres par mois, avait une escorte de 24 pages et de 60 valets de pied, comptait 28 carrosses à ses livrées, etc. En France, il reçut un grand nombre de bénéfices, les abbayes de Tournus, de Saint-Ouen, de Saint-Martin-de-Pontoise, de Saint-Wall-d'Arras et de Cluny. Qu'étaient devenus ces ordres religieux du moyen-âge, si puissants, si riches et si respectés; avec lesquels devaient compter les rois et les souverains pontifes eux-mêmes! La royauté avait fait son œuvre, nivelant tous les rangs, abaissant tous les pouvoirs qui pouvaient lui porter ombrage, se jouant pour ainsi dire de ces glorieux souvenirs du passé qu'elle donnait comme prébendes aux favoris de haute mine et de pompeuses manières qui lui faisaient escorte à Versailles.

L'Abbaye de Cluny surtout devait flatter l'amour-propre du cardinal de Bouillon; et ce fut dans l'église de cette maison célèbre que le nouvel abbé résolut d'élever à sa famille un monument

Publié par M. Boullard. — Imp. Demende, à Cluny.

funéraire qui fût un chef-d'œuvre. Il consacrait à ce mausolée splendide une chapelle particulière, celle de Sainte-Agathe, ornée tout entière des marbres les plus variés et les plus beaux. Le dessin de ce monument, tel qu'il devait être exécuté, se trouve exposé aujourd'hui au musée Ochier, dans la galerie des gravures. On y voit représentés en grandeur naturelle les deux glorieux ancêtres de la maison de la Tour d'Auvergne : *Guillaume le Pieux, comte d'Auvergne, duc d'Aquitaine et fondateur de Cluny;* et *Godefroy de Bouillon, comte de Bouillon, roi de Jérusalem.* Puis les figures allégoriques de la *Religion,* de la *Force* et du *Temps;* les deux belles statues en marbre blanc de *Frédéric-Maurice de la Tour d'Auvergne* et d'*Eléonore de Bergh,* le père et la mère du cardinal; un piédestal magnifique orné d'un *bas-relief* représentant une bataille et sur lequel reposait une *Urne.* Au-dessus de cette urne, un *Ange,* les ailes déployées, semblait s'envoler dans les airs, portant un cœur enflammé dans la main droite.

Cette urne devait contenir le cœur du maréchal de Turenne, et ainsi s'explique la figure allégorique de l'*Ange* qui s'élançait pour l'emporter au ciel et l'offrir à Dieu. Cluny, en effet, eut l'insigne honneur de posséder jusqu'au commencement de ce siècle le cœur de ce vaillant homme de guerre qui fut aussi le plus honnête homme de la cour de Louis XIV avec Vauban. Ce cœur reposait dans une double boîte de plomb et de vermeil. « En 1793, les Ravageurs volèrent la boîte de vermeil et laissèrent la seconde boîte de plomb qui contenait immédiatement le cœur du maréchal. La boîte de plomb, religieusement conservée par la ville de Cluny, lui fut disputée, en 1818, par les descendants de la famille d'Auvergne; et malgré les résistances administratives et les réclamations des députés de Saône-et-Loire, un comte de la Tour d'Auvergne-Lauragais, favorisé par le ministère, se fit adjuger le cœur de son ancêtre. » Qu'est-il devenu depuis? On l'ignore. (P. Lorain, *Essai historique sur l'Abbaye de Cluny.*)

Mais ce monument remarquable ne fut jamais achevé. Le cardinal de Bouillon était entré en lutte avec une partie des moines qui peuplaient l'abbaye. La querelle avait pris un tel caractère de gravité, que le Conseil d'Etat dut intervenir, et après lui la Papauté elle-même. Au milieu de ces circonstances critiques, le Cardinal-Abbé encourut la disgrâce de Louis XIV et sortit clandestinement du royaume (1710). Par arrêt du Parlement, en 1711, le roi s'opposa à l'exécution du monument funéraire, envoya à Cluny le sénéchal de Lyon, M. de Sève, qui saisit les marbres déjà arrivés de Rome et les fit déposer dans une cave de l'Abbaye. Les autres parties du monument restèrent en route, à Turin, ou ne quittèrent pas Rome (*).

Pendant soixante ans, dit P. Lorain, on respecta l'arrêt du Parlement et la volonté de Louis XIV; mais enfin la curiosité l'emporta; les caisses qu'avait fait saisir M. de Sève furent ouvertes et l'on en tira la plupart des pièces destinées à la composition du monument. Celles-ci furent exposées dans la sacristie de l'Abbaye jusqu'à la Révolution. Au milieu des troubles qui suivirent et des pillages nombreux dont souffrirent les églises, les monastères et les abbayes, Cluny

(*) Pour les détails de ce monument tel qu'il avait été conçu par le cardinal de Bouillon, consulter P. LORAIN, *Essai historique sur l'Abbaye;* l'*Annuaire de Saône-et-Loire,* année 1839; M. PENJON, *Cluny, la Ville et l'Abbaye.*

ne fut pas épargné et une foule d'ornements accessoires, des trophées, des chapiteaux, etc., furent volés ou mis en pièces. On ne parvint à sauver que les deux statues du duc et de la duchesse de Bouillon, le Bas-relief et la figure de l'Ange. Ce sont ces précieux débris que la municipalité de Cluny a fait déposer à l'Hôtel-Dieu : les deux statues sur deux socles revêtus de marbre, aux deux angles de la chapelle principale, et l'Ange dans le fond de la chapelle réservée aux sœurs de Sainte-Marthe qui desservent la maison. C'était justice. L'Hôtel-Dieu de Cluny, qui est un des plus beaux monuments de la ville, a été bâti en partie des dons faits par le cardinal de Bouillon lui-même. Commencé sous ses auspices à la fin du XVIIe siècle ou au commencement du XVIIIe, il ne fut achevé que sous la Restauration. On ne peut qu'admirer l'ordre parfait et le soin avec lesquels est tenue et desservie cette maison ; car il est rare de trouver dans une aussi petite ville de province un établissement de ce genre qui offre autant de ressources et même de confortable.

Quelques mots, en terminant, sur ce mausolée du duc de Bouillon que l'on peut considérer comme un véritable chef-d'œuvre, dû peut-être au ciseau d'un maître. La statue se fait remarquer par la finesse et la beauté du marbre, la pureté des lignes et surtout la richesse des détails. Vêtue à la romaine, elle explique la nature du trophée d'armes sur lequel elle s'appuie : faisceaux, flèches, casque, bouclier, etc., et atteste la main d'un artiste du grand siècle. C'est ainsi que l'on sculptait et que l'on peignait sous Louis XIV, quand Lebrun, Girardon et Coysevoix, reproduisaient sous les traits du *Roi-Soleil* les héros de la Grèce ou de Rome. Mais c'est le bas-relief surtout qui doit attirer l'attention, fixer le regard et arracher l'admiration de l'artiste. Quelle est cette bataille que l'auteur a voulu représenter ? C'est une question difficile à résoudre. On distingue non-seulement le costume et les armes des Romains, mais aussi la hache d'armes et le casque du barbare ; et, n'était la présence du duc de Bouillon lui-même qui paraît à gauche, son bâton de commandement à la main, on croirait assister à la lutte de deux peuples rivaux qui, sur les confins de l'antiquité romaine, se disputent la possession du monde. Quoiqu'il en soit de ces détails, on ne saurait trop admirer l'art avec lequel le sculpteur a su fouiller le marbre, exprimer la rage et la douleur du vaincu qui tombe en se cramponnant à la croupe d'un cheval déjà abattu ; la férocité froide du vainqueur qui, l'œil fixe et le bras levé, va d'un dernier coup jeter sur le sol son ennemi épuisé de force et de courage.

Ce n'est qu'un épisode du combat ; mais cet épisode suffit pour faire passer devant nos yeux l'ensemble de la bataille elle-même avec ses cris, le cliquetis des armes qui se croisent ou se choquent, les hennissements des chevaux qui se cabrent, etc.; puis, à côté, mais comme dominant cette scène de carnage, la figure mâle et sereine du chef, représentée sous les traits du duc de Bouillon ; sûre du succès, elle reste tranquille dans sa force et calme dans son triomphe. Peut-être n'est-elle pas assez en vue, car la haute stature du cavalier germain semble la rejeter au second plan.

J.-B. PAQUIER,
Professeur à l'École normale spéciale de Cluny.

LA BOURGOGNE MONUMENTALE ET PITTORESQUE

Boullemet, phot.

L'ABBAYE DE CLUNY (Façade vue des Jardins)

L'ABBAYE DE CLUNY

(FAÇADE VUE DES JARDINS)

Les restes de l'Abbaye de Cluny, tels que nous les voyons aujourd'hui, ne datent que du milieu du XVIIIᵉ siècle. C'est en 1750 que le cardinal Frédéric-Jérôme de la Rochefoucauld, archevêque de Bourges et grand ami de Louis XV, nouvellement élu abbé, entreprit de reconstruire le vieux monument qui menaçait ruine de toutes parts. « En ce temps-là, dit P. Lorain, comme si un pressentiment moral eût été enfermé dans une ruine matérielle, les bâtiments des couvents bénédictins s'écroulaient dans toute l'Europe. Les vieux cloîtres de Saint-Benoît dataient, pour la plupart, de la même époque; et la même vétusté les menaçait presque tous à la fois. Ce fut donc une nécessité, pour ainsi dire simultanée, qui contraignit les puissances de l'Ordre à reconstruire partout les habitations des moines. A Cluny, on éleva ces monuments modernes qui s'y voient encore, grands, vastes, mais sans caractère architectural, sans mérite artistique, et venus dans un siècle où l'on ne se souciait guère de créer des chefs-d'œuvre catholiques. Les nouvelles demeures, dont l'immense façade et les deux ailes regardent l'Orient et s'étendaient en face du jardin jusqu'au chevet de la vieille église, s'élevèrent sous la direction du prieur dom Dathose, homme vénérable et savant, qui, par dérogation aux règlements de la réforme, fut nommé prieur à vie. Mais sa tristesse prophétique ne se faisait pas illusion. « Je bâtis, disait-il mélancoliquement, mais cent « ans ne se passeront pas avant que notre maison soit détruite. »

L'Ordre tomba, en effet, bien avant l'époque fixée par le prieur, et la Révolution emporta sans pitié tous ces débris vénérés du moyen-âge que déjà la philosophie sceptique et railleuse du XVIIIᵉ siècle avait battus en brèche. Mais ce qui tomba avec le glorieux Ordre de Cluny, ce ne fut pas le monument moderne que dom Dathose avait vu d'un œil attristé s'élever pierre sur pierre; ce fut la basilique de la célèbre Abbaye, la plus vaste et la plus riche église de l'Occident, qui n'avait qu'une rivale en Europe, l'église Saint-Pierre de Rome. Commencé dans le milieu du XIᵉ siècle par un architecte, qui fut un cluniste, Gauzon, ce chef-d'œuvre de l'art roman ne fut dédié qu'en 1131 et achevé qu'en 1220. L'église elle-même, longue de 136 mètres, large de 34 mètres, était à cinq nefs; deux transepts, dont le plus grand avait 67 mètres de longueur et le plus petit 36, lui donnaient la forme d'une croix archiépiscopale; il n'y avait pas d'autre exemple en France de ce double transept. La maîtresse voûte était soutenue par 32 piliers massifs, avait 33 mètres d'élévation ; les deux premiers collatéraux n'atteignaient que 19 mètres de hauteur, les deux seconds 12 mètres. Trois clochers étaient posés à cheval sur le premier transept, un autre au centre de la deuxième croisée et appelé le *Clocher des Lampes*. L'abside se terminait par cinq chapelles voûtées en *cul-de-four* ; il y avait aussi des chapelles dans les croisillons des transepts et le long des bas-côtés de la nef. La plus belle était celle de Jean de Bourbon, construite au XV⁰ siècle, dans le style gothique et que l'on voit encore. On y trouve quinze figures de prophètes formant consoles, des clefs de voûte aux armes du fondateur, et une petite salle avec cheminée où il assistait aux offices.

Que reste-t-il aujourd'hui de ce curieux monument ? La Révolution n'a laissé subsister que la jolie chapelle du cardinal de Bourbon, divers débris de sculpture, quelques tronçons de colonnes ; le croisillon méridional du grand transept de l'église et le clocher octogone, porté par une voûte sur pendentifs, que l'on aperçoit à droite de la façade et qui s'élève entre l'Abbaye elle-même et l'établissement des Haras. Ce clocher nous rappelle celui de l'Eglise Saint-Marcel ; il se fait remarquer par les mêmes détails d'architecture romane et la même élégance de formes. On comprend l'impression pénible que produisit partout la démolition de ce gigantesque édifice qui était à lui seul une histoire. Napoléon I⁰ʳ, dit-on, accusait amèrement les habitants de Cluny d'avoir laissé dilapider et ruiner ce monument ; et lors de son passage à Mâcon, en 1804, pour aller se faire couronner à Milan roi d'Italie, quand il reçut la municipalité clunisoise qui le suppliait d'aller visiter Cluny, il lui aurait répondu : « Vous avez laissé vendre et détruire votre grande et belle « église ; allez, vous êtes des Vandales, je ne visiterai pas votre ville. » La faute en était moins à la municipalité qui avait réclamé souvent contre cette dévastation, qu'à la Convention, au Directoire et au Consulat, qui ne surent ou ne voulurent prendre aucune mesure efficace. Toutefois Napoléon parut se désister plus tard de cette rigueur ; et comme consolation de sa splendeur perdue et surtout de ce temple grandiose, qu'avaient détruit des démolisseurs acharnés et cupides, il dota Cluny d'un nouveau temple, « le *Temple des Etalons !* » dit P. Lorain.

Mais, ajoute l'historien, ce qui pouvait avoir amené la décision de l'Empereur, c'était surtout l'abondance et la qualité des fourrages que produisaient les vallées de la Grosne ; « et comme il ne savait que faire d'un cousin de son ministre des relations extérieures, le duc de Cadore, qu'il employait au vil métier de faire traîtreusement les rois d'Espagne prisonniers à Bayonne, il envoya M. de Nompère de Champagny commander le haras impérial de Cluny. » C'était une nouvelle espèce de prébende.

Quant à la façade elle-même, quoi qu'en dise P. Lorain, elle est simple, mais ne manque ni de noblesse, ni même de grandiose. Les deux ailes de côté présentent des ornements sobres et intéressants à étudier ; et l'œil reste frappé de l'étendue et de la pureté de ces grandes lignes qui se développent devant lui. On doit remarquer surtout le balcon du milieu, véritable chef-d'œuvre de serrurerie moderne, en fer repoussé, qui donnait jour sur le grand vestibule d'honneur. A l'auteur de ce magnifique travail on doit aussi la double rampe de l'escalier monumental qui, dans chacune des ailes de la façade, conduit des couloirs au premier étage. C'est l'art poussé à la perfection ; on pourrait difficilement le surpasser aujourd'hui. Au haut du pavillon central, se voit un fronton complétement dégradé, où l'on a peine à distinguer quelques restes d'armes en saillie : ces armes ne pouvaient appartenir à l'Abbaye, car la Révolution n'avait aucun intérêt à les faire disparaître ; c'étaient probablement celles des La Rochefoucauld, restaurateurs du monument et derniers abbés de Cluny. En effet, on croit voir encore la forme du chapeau et des glands, signe distinctif de la dignité de cardinal. Quant à la tour carrée, dont le sommet apparaît au-dessus de la toiture, c'est la tour dite *des Fromages*; elle s'élève dans une maison particulière au milieu de la Grand'Rue; elle confinait au logis des domestiques.

L'intérieur du bâtiment n'est pas indigne de la façade. Nous mentionnions plus haut le double escalier monumental et les rampes en fer; nous devons ajouter les vastes et larges corridors qui se continuent dans toute la longueur de l'édifice, envoyant une allée transversale dans chacune des deux ailes latérales qui s'ouvrent par de très-beaux balcons et de larges fenêtres sur les jardins et les monts boisés du Mâconnais. En arrière de ce corps principal se développent les cloîtres proprement dits autour de l'ancienne cour du jet-d'eau. Les cloîtres étaient, il y a quelques années encore, le rendez-vous le plus fréquenté de Cluny, où affluaient les marchands, les chalands, les oisifs et les étrangers. On peut dire que la ville tout entière résidait dans les murs de l'ancienne Abbaye.

En effet, quand la municipalité de Cluny eut, dès le commencement de ce siècle, fait l'acquisition de la plus grande partie de ces bâtiments, elle y installa tous les services publics, au rez-de-chaussée : la mairie, la justice de paix, la salle d'asile, l'école des Frères de la doctrine chrétienne; — à l'étage supérieur, la salle de spectacle, le collége, qui eut son moment d'éclat, ainsi que les débris de la riche bibliothèque des moines dont on a composé la bibliothèque publique, installée aujourd'hui au musée Ochier. Il restait encore un espace considérable, et l'administration y fit placer dans la suite une école d'apprentissage pour le tissage des étoffes de soie, dirigée par des ouvriers de Lyon. En 1856, cette école ne contenait pas moins de 16 métiers, et en dehors même de l'Ecole, l'industrie de la soie possédait déjà 45 métiers particuliers. Ce précieux établissement ne prospéra pas longtemps et finit bientôt par disparaître, au grand préjudice des intérêts de la ville.

Mais quelques années plus tard, une ère nouvelle parut s'élever pour Cluny et l'antique Abbaye. M. Duruy, alors ministre de l'instruction publique, après avoir, sinon créé, du moins organisé l'enseignement professionnel ou industriel, improprement appelé *spécial*, cherchait un local assez spacieux pour y installer l'Ecole normale destinée à former les professeurs de cet enseignement. La ville de Cluny lui fit offrir généreusement les bâtiments de l'Abbaye par son conseil municipal que présidait le maire, M. Aucaigne Sainte-Croix; ceux-ci furent acceptés, et au mois de novembre 1866, on vit s'ouvrir simultanément l'Ecole normale secondaire spéciale et le Collége annexe qui comptent ainsi six années d'existence. L'Ecole normale a aujourd'hui de 70 à 75 élèves-maîtres; et le Collége plus de 450 élèves. Le buste du ministre éclairé qui dota la France de cette utile création, se voit dans le vestibule du rez-de-chaussée qui des cloîtres conduit au jardin.

C'est grâce à l'étendue et à la distribution des bâtiments que l'Ecole put installer ce qui fait l'admiration de tous les étrangers : musées d'histoire naturelle et de technologie, cabinets de physique et de mécanique, salles de manipulations de chimie, salles de dessin et de modelage, ateliers de tour et de menuiserie, amphithéâtres pour les cours, etc.; et les dons des simples particuliers, des professeurs eux-mêmes, des grands manufacturiers et des villes industrielles, ont chaque année enrichi les collections. Nulle part, en France, on ne trouvera un établissement d'enseignement secondaire aussi bien pourvu et plus propre peut-être à donner une impulsion puissante à l'enseignement nouveau qui vint s'élever à côté de l'enseignement classique non pour l'affaiblir et le diminuer, mais pour l'alléger et par là le soutenir. Si l'enseignement classique prépare aux professions libérales qui ne peuvent qu'être très-restreintes, l'enseignement industriel ou spécial prépare aux professions agricoles, industrielles et commerciales auxquelles notre société moderne a fait une si large place et qui, chaque jour, doivent se multiplier; il ouvre aussi un débouché certain à cette foule de jeunes gens qui, par tradition plus que par goût, consentaient à *faire leurs études* et qui, leurs diplômes de bachelier obtenus, en étaient souvent fort embarrassés. Du reste, une des dernières circulaires (juillet 1872) du ministre de l'instruction publique, M. Jules Simon, en assimilant au diplôme du baccalauréat le diplôme de fin d'études de l'enseignement spécial, pour l'engagement militaire d'un an, donnait à cet enseignement une consécration nouvelle et pour ainsi dire définitive. A ce point de vue, l'Ecole de Cluny pourrait devenir un établissement sinon de premier ordre, du moins d'une utilité incontestable et même nécessaire.

Il n'est pas jusqu'aux jardins eux-mêmes qui ne présentent un intérêt réel, et ne soient un objet d'instruction. De la façade à la porte du fond, sur une superficie de près de deux hectares, s'étend le jardin botanique dont chaque plante et chaque arbuste porte une étiquette et qui peut servir aux démonstrations pratiques. Le jardin est confié à la direction d'un ancien jardinier en chef au muséum de Paris; ainsi s'explique la beauté des plantes et des fleurs et le soin parfait avec lequel tout est entretenu. Au bas, s'étend un terrain assez vaste, réservé aux élèves de l'Ecole ou du Collége ; chacun a son carré qu'il travaille et cultive, où il sème et récolte ce que bon lui semble. L'arboriculture même comme le jardinage et l'agriculture a sa place marquée, et le potager, que l'on aperçoit à gauche d'une assez grande pièce d'eau, offre des modèles parfaits pour la taille des arbres.

Enfin, c'est non loin de là, au bout d'une très-belle allée, que s'élève le magnifique *Tilleul d'Abélard*. Il mesure à sa base 5 mètres de circonférence, s'élève à une hauteur de 28 mètres, et remonte à 6 ou 7 siècles. A-t-il vu réellement le grand philosophe venir à ses pieds, s'asseoir avec son ami Pierre le Vénérable, parler de ses anciens jours de gloire, de sa lutte contre saint Bernard, et surtout d'Héloïse? Pourquoi pas? La légende, elle aussi, a son mérite. Dans ces vieux monuments du passé, quand parfois l'on rencontre un souvenir auquel l'imagination et le cœur s'attachent avec amour, on peut lui donner un corps, pour rêver à l'aise, évoquer tout un monde disparu ; et dans cette résurrection des siècles écoulés qui de nouveau passent devant lui, l'esprit trouve toujours à s'instruire.

J.-B. PAQUIER,
Professeur à l'Ecole normale spéciale de Cluny.

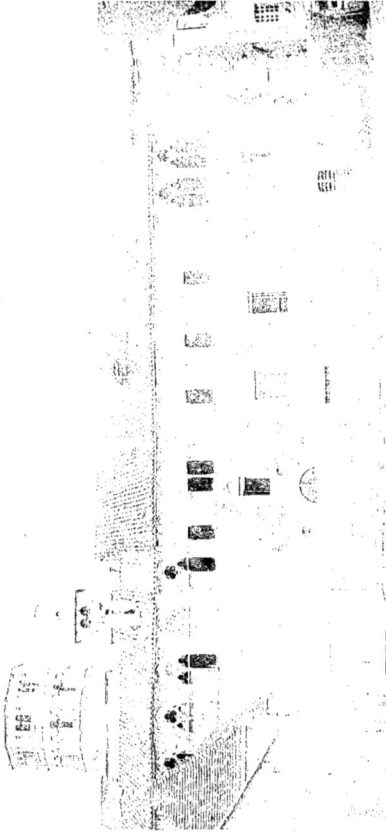

Boulland, phot.

L'ABBAYE DE CLUNY (Ancienne façade du Palais Gélase)

L'ABBAYE DE CLUNY

(FAÇADE DITE PALAIS DU PAPE GÉLASE)

Sur l'emplacement de cette façade s'élevaient tout d'abord les premiers bâtiments dont se composa l'Abbaye de Cluny pour les douze moines et les quinze métairies qui, selon le commandement de saint Benoît, devaient servir à la fondation de tout monastère bénédictin. Au X⁰ siècle, saint Odon fit abattre quelques pans d'un vieux mur qui tenaient à l'oratoire dédié à la sainte Vierge, alors l'unique chapelle des moines, pour construire une nouvelle église plus grande et mieux ornée qu'il voua à saint Pierre. Ce fut *Saint-Pierre le Vieux* ou *le Vieil;* et sur ses côtés s'étendirent des demeures plus spacieuses que nécessitait l'augmentation croissante des Bénédictins et surtout l'affluence des étrangers venus de toutes les parties de la France et de l'Italie; car déjà le monastère de Cluny devenait célèbre et poussait au loin ses racines.

Jusqu'à quelle époque subsistèrent ces constructions de saint Odon? On ne le sait. A mesure que l'Abbaye prenait de plus grands développements, d'autres s'élevaient quelquefois au préjudice des premières, quelquefois conjointement à elles, et toujours dans le style de l'époque qui les voyait naître. Ceci nous explique la diversité des genres d'architecture que nous retrouvons dans les différentes parties qui composent cette façade.

Ainsi au XI⁰ et au XII⁰ siècle, c'est la grande basilique commencée sous les auspices de saint Hugues et qui va remplacer Saint-Pierre le Vieil, comme Saint-Pierre le Vieil a remplacé l'Oratoire primitif. — Au XII⁰ siècle, c'est une longue galerie qui, perpendiculairement à la basilique, s'étend du nord au midi, devant Saint-Pierre le Vieil lui-même. Cette galerie, divisée en un grand nombre de pièces et située déjà en dehors des bâtiments claustraux proprement dits qui s'étendaient à l'Orient sur les rives de la Grosne, était destinée à loger les étrangers tous les jours plus nombreux, qui affluaient à Cluny. C'étaient surtout des princes et des pontifes; et parmi ces derniers on cite le pape Gélase II qui, chassé d'Italie, vint en France et mourut dans l'Abbaye même. Son nom servit plus tard à désigner le corps de bâtiment qu'on éleva postérieurement devant cette première galerie. — Au XIII⁰ siècle, c'est un petit cloître voûté dont l'arcature ogivale se voyait encore au rez-de-chaussée il y a quelques mois, malgré les dégradations et les constructions récentes dues à de simples particuliers, acquéreurs de cette partie de l'Abbaye. — Au commencement du XIV⁰ siècle, probablement sous le gouvernement de l'abbé Bertrand I⁰ʳ de Colombiers, « c'est cette longue arcature de dix-neuf fenêtres gothiques formées chacune de deux arcs trilobés inscrits dans une arcade ogivale, séparés par une colonnette sculptée et surmontés d'une rose(*).» Elle régnait sur toute la longueur du bâtiment. Quant à l'intervalle qui séparait la chaussée de l'étage supérieur, « il était plein; une seule fenêtre encadrée de moulures y avait été ouverte au midi, vers le XII⁰ siècle. » Mais depuis l'installation de l'Ecole normale spéciale, d'autres ouvertures avaient dû y être pratiquées, qui avaient détruit complètement le caractère original de cette construction. — Enfin au XVI⁰ ou au XVII⁰ siècle, c'est un ornement nouveau qui vient s'y ajouter. Il consistait en une porte monumentale, style renaissance, et agrémentée de sculptures d'un goût plus ou moins douteux, avec deux niches de chaque côté. Sa lourdeur massive contrastait singulièrement avec la légèreté élégante de formes de la galerie gothique. Elle avait été élevée, les uns disent par Charles de Lorraine ou son neveu Claude de Guise, tous deux abbés de Cluny, auxquels on doit quelques-uns des enjolivements de l'Abbatial (aujourd'hui demeure de Mᵐᵉ Vᵉ Ochier); les autres, par le cardinal de Richelieu lui-même, « qui ne pouvait pas, lui aussi, ne pas être abbé de cette célèbre maison. » Cette porte conduisait sous les cloîtres du monastère moderne, et par la grande galerie transversale qui longe la chapelle de l'Ecole et la chapelle Bourbon, aux jardins intérieurs. De la place actuelle de la Grenette, on pouvait ainsi apercevoir cette magnifique allée de tilleuls qui sépare aujourd'hui le jardin botanique du potager.

Cette façade n'avait donc aucun caractère propre, sauf la galerie gothique que du reste quelques habitants auraient dénaturée « en peignant ses fenêtres ogivales des couleurs les plus vives, rouge et noir, pour ajouter au pittoresque de son architecture(**). » De plus, les constructions particulières qui s'étaient élevées dans le cloître voûté du rez-de-chaussée, des deux côtés de la porte renaissance, avaient enlevé à cette partie tout charme et tout attrait. Heureusement nous allons voir bientôt se relever cette façade, telle qu'elle existait en plein XVI⁰ siècle, quand elle n'était encore défigurée ni par les couleurs trop vives des fenêtres ogivales, ni par la porte monumentale des Guise ou de Richelieu, ni par les informes maçonneries des constructions particulières. Seules, quelques fenêtres, sobrement ornées, perceront à intervalles à peu près égaux l'espace plein qui du cloître voûté allait aux dix-neuf fenêtres gothiques. Le gouvernement a confié à M. Lainé, architecte de Paris, le soin de cette restauration qui sera intéressante à étudier; elle fera de cette partie de l'Abbaye un véritable monument historique en même temps qu'elle permettra à l'Ecole de prendre un plus grand développement. Tout y gagnera donc : la ville d'abord, puis l'instruction et l'art. Une seule partie de la façade primitive subsistera peut-être; c'est un pan de mur de

(*) M. Penjon : *Cluny, la Ville et l'Abbaye.*
(**) *Album de Saône-et-Loire*, tome II, page 198.

Publié par M. Douillard. — Imp. Desrosin, à Cluny.

la grande basilique romane, épais et massif, qui sépare l'arcature ogivale des nouveaux bâtiments de la Justice de paix. C'est dire qu'au moment même où paraîtra cette notice, il ne restera plus rien de l'édifice dont M. Boulland nous donne la photographie. Mais on pourra le comparer à la construction nouvelle, juger de la transformation et applaudir à la pensée qui a ressuscité dans notre vieille ville de Cluny, si riche déjà en souvenirs, un curieux monument de l'architecture du moyen-âge.

Tout un monde ressuscitera avec lui, que l'imagination saura voir s'agiter et vivre de nouveau à travers les ogives si délicatement ornées « qui éclairaient les *appartements des Etrangers*; » car c'était là, comme nous le disions plus haut, que recevait l'hospitalité cette foule sans cesse grossissante de prélats, de cardinaux et de pontifes; de princes, de rois et d'empereurs qui s'y donnaient rendez-vous. Il fut un temps où Cluny, plus même que Rome, fut la capitale de la chrétienté, quand par ses monastères et sa juridiction « elle s'étendait de la mer à la mer; » — où ses abbés, confidents des rois et des papes, véritables *grands juges de paix* de l'Europe, décidaient en maîtres des querelles et des conflits et imposaient à tous leurs décisions toujours respectées; — où, dans cet âge d'enthousiasme religieux et de foi ardente, unique dans l'histoire, nulle ville, nulle abbaye ne pouvait offrir à la piété des fidèles plus de saints à vénérer, plus de souvenirs à évoquer : saint Odon, saint Mayeul, saint Hugues, saint Odilon, etc.; tous hommes d'Etat éminents dont les souverains demandaient les conseils et les lumières.

Mais de ces réceptions solennelles et grandioses qui réunissaient dans la célèbre Abbaye les grands du monde et les grands de l'église, trois surtout doivent faire époque et fixer l'attention du lecteur. C'est d'abord en 1119 l'arrivée de Gélase II, malade et fuyant les persécutions de l'empereur Henri V et des Frangipani; qui ne voulut pas d'autre abri pour reposer ses derniers moments que Cluny « où il se trouvait comme dans sa propre maison, » et qui y mourut bientôt. — Mais comme contraste à cette fin douloureuse du chef de la chrétienté, c'est presque aussitôt après l'intronisation de son successeur, Calliste II, qui est reçu dans la pompe de son cortége pontifical. « Là, entouré de cardinaux, d'évêques, de la noblesse de Bourgogne et des splendeurs de la cour romaine, il veut, avant de partir, fortifier encore les franchises et les honneurs du lieu où lui sont advenus les droits du pontificat universel; il se dépouille de son propre anneau, le passe au doigt de Pontius de Melgueil, en déclarant que partout et toujours l'abbé de Cluny remplira les fonctions de cardinal romain. En même temps il augmente les immunités des Clunistes, en leur permettant de célébrer les saints mystères, les portes fermées, alors même qu'un interdit pèserait sur tout le pays. »

En 1245, c'est l'entrevue plus célèbre encore d'Innocent IV et du pieux roi Louis IX, le héros du moyen-âge, avec une suite nombreuse qu'illustrait encore la présence des plus grands princes de l'Europe. Avec Innocent IV arrivent 12 cardinaux, 2 patriarches, 18 évêques, l'empereur Baudoin II de Constantinople et sa cour; avec saint Louis, les deux reines, Blanche de Castille, sa mère, et Marguerite de Provence, sa femme; sa sœur la princesse Isabelle; ses trois frères, les princes Robert, Alphonse et Charles; les infants de Castille et d'Aragon; le duc de Bourgogne et l'élite de la chevalerie française et allemande. Déjà l'Abbaye comptait près de 400 moines ; et cependant, dit la chronique, malgré ces innombrables hôtes, jamais les moines ne se dérangèrent de leur dortoir, de leur réfectoire, de leur chapitre, de leur infirmerie, de leur cuisine, de leur cellier, ni d'aucun des lieux réputés conventuels. Ce qui ajoute à l'étonnement, écrit P. Lorain, c'est que deux incendies, si fréquents alors, venaient à une époque fort rapprochée, en 1208 et en 1233, de réduire presque tout Cluny en cendres. « L'apostole et le roi parlèrent secrètement ensemble de ce qu'ils voulurent, et puis s'en retourna le roi par Mâcon, quand il eut salué les cardinaux et qu'il eut eu la bénédiction du pape. » Ce fut pendant cette entrevue de saint Louis et d'Innocent IV que les cardinaux portèrent pour la première fois le chapeau rouge que le pontife leur avait donné au dernier concile tenu à Lyon.

Au commencement du XIVe siècle, c'est Bertrand Ier de Colombiers qui reçoit le fougueux Boniface VIII et ses cardinaux ; et après lui, le roi de France lui-même, Philippe le Bel, avec ses deux fils, Louis le Hutin et Philippe le Long ; Charles de Valois, son frère ; Bertrand de Goth, archevêque de Bordeaux, plus tard pape sous le nom de Clément V ; Jean, duc de Bretagne ; les rois d'Aragon et de Castille avec toute leur cour, ainsi qu'un grand nombre de princes et de nobles de Bourgogne et des autres provinces. Pendant cinq jours cette foule fut entretenue aux frais de l'Abbaye ; quelque riche que pût être celle-ci, ses finances en furent obérées, et Bertrand crut devoir imposer une dîme nouvelle aux habitants de Cluny. De là révolte en 1307, qui dura près d'un mois. Mais que pouvait une foule désarmée ? Elle ne tarda pas à revenir à résipiscence, fit des excuses, obtint son pardon, en fut quitte pour payer un peu plus, et l'abbé fut content.

C'est là le dernier moment d'éclat qu'eut la grande Abbaye ; car déjà nous touchons à une époque qui doit voir s'accomplir une révolution importante dans l'état politique et social de l'Europe. Les croisades ont pris fin ; la chevalerie, ce sacerdoce armé qui personnifie un âge de foi naïve et enthousiaste, va disparaître et lutte dans ses derniers tournois ; partout la piété des premiers temps qui animait nos pères, tend à s'affaiblir pour laisser la place à des préoccupations plus profanes ; les intérêts du siècle l'emportent sur les intérêts de l'âme et le soin des affaires temporelles sur celui des affaires spirituelles. Les abbayes et les monastères perdent de leur prestige et de leur autorité morale, et Cluny surtout. Les papes d'abord, puis les rois, s'entremettent plus directement pour la nomination des abbés, imposent leur choix et dictent leurs volontés. La célèbre maison bénédictine qui a dominé si longtemps en Europe, donné des saints à l'Eglise, des pontifes à Rome, des conseillers aux princes, ne devient plus qu'un simple bénéfice que se disputent quelques intrigants avides ; — elle voit s'effeuiller lentement cette couronne qu'elle portait avec tant de fierté à l'époque de sa souveraine puissance ; et de tout ce qui a fait sa gloire, assuré son pouvoir et propagé au loin sa renommée, elle ne conserve que des souvenirs.

J.-B. PAQUIER,

Professeur à l'Ecole normale spéciale de Cluny.

LA BOURGOGNE MONUMENTALE ET PITTORESQUE

Doulland, phot.

CHATEAU DE BERZÉ-LE-CHATEL.

CHATEAU DE BERZÉ-LE-CHATEL.

Berzé-le-Châtel s'élève sur un des mamelons escarpés et nombreux que les monts du Mâconnais enferment dans leurs plis. Il domine la route nouvelle qui conduit de la Croix-Blanche à Cluny, par le Bois-Clair; et l'œil du voyageur qui, pour la première fois, parcourt ces contrées pittoresques, croit retrouver presque intact et menaçant encore un de ces vieux manoirs féodaux, sombres et massifs, autour duquel semblent voltiger quelques-unes de ces légendes mystérieuses qu'a enfantées le moyen-âge et qui se sont perpétuées dans l'imagination du peuple.

C'est, en effet, un des rares survivants de cet âge éloigné, que les siècles ont respecté, et sur les flancs duquel on a peine à retrouver la trace des injures du temps, ou la marque de ces luttes nombreuses qu'il a dû soutenir, dans ces longues périodes de troubles et de guerres civiles, au milieu desquels ont vécu nos pères. Il nous apparaît avec la plupart de ses tours élevées, ses murs en terrasses à plusieurs étages; son portail garni de ses mâchicoulis et contre lequel a été tiré le premier coup de canon ou de bombarde entendu en Bourgogne; son lierre, centenaire et touffu, qui grimpe jusqu'à la toiture; pendant qu'à ses pieds se cachent, humbles et timides encore, au milieu de la verdure et des touffes d'arbres, les chaumières dégradées de l'ancien manant ou villain qui vivait en crainte perpétuelle sous l'œil redouté du maître.

Pénétrons dans l'intérieur du château, nous y retrouverons les restes des longues galeries pratiquées dans le haut et dans l'épaisseur des murs qui ferment la cour; les appartements, — autrefois vastes, froids et nus, qui ont vu les soudards, les routiers et les brigands de grand chemin se chauffer le soir à la flamme de leur foyer monumental, jurer, s'enivrer, jouer et s'injurier en se partageant les dépouilles de la journée; « *car c'était un château vilainement hanté et malement renommé que le sombre donjon de Berzé;* » — aujourd'hui coquets, aménagés avec beaucoup d'art et appropriés aux besoins d'une vie moins agitée et plus douce. Descendons dans le sous-sol, nous y verrons une chapelle souterraine assez bien conservée; des souterrains vastes et profonds qui s'étendaient jusque sous la montagne voisine. Quelques-uns ont deux ou trois voûtes les unes au-dessus des autres et servaient de magasins, d'arsenaux ou de prisons. La légende nous dira que dans l'un de ces noirs réduits, un seigneur de Berzé enferma un homme et un bœuf sans nourriture pour savoir lequel des deux vivrait le plus longtemps. La légende a exagéré peut-être; mais elle n'a pas tout inventé. Là s'est passé un de ces drames émouvants tels que le moyen-âge en a vu se dérouler parfois dans ces manoirs solitaires qui couronnaient les collines et les plateaux de la Bourgogne. Nos seigneurs du moyen-âge n'étaient pas très humains souvent; et c'était un terrible homme que le seigneur *Geoffroy de Berzé*.

N'était-ce pas lui qui, en 1315, osait frapper de son gantelet de fer, au château de Vérizet, un archidiacre de Mâcon, Pierre de Montverdun, et insulter en sa personne l'église et le clergé si puissants encore. Le chapitre de Saint-Vincent de Mâcon obtint du moins justice; et le parlement ordonna que cet impie et mécréant et tous ceux qui après lui possèderaient la terre de Berzé, « feraient brûler tous les ans et à perpétuité, pendant l'octave de Saint-Vincent, dans le chœur de cette église, un cierge du poids de cinquante livres, en réparation de l'outrage fait à Dieu dans la personne de son ministre. » Et, en 1788, ce cierge brûlait encore, en témoignage du crime et de l'expiation.

Ce crime n'était pas le plus grand qu'eût commis le seigneur de Berzé; un autre pèse, plus horrible, sur sa mémoire, mais qui ne demeura pas impuni, car sa mort suivit de près.

En 1320, Geoffroy avait épousé Diane de Pierreclos, fille de Bernard de Rougemont et d'Héléna de Champdieu. C'était une jeune et douce châtelaine, dont la beauté ravissante n'était pas faite pour vivre dans les sombres murs de Berzé; que pouvait-elle, en outre, pour toucher le cœur de l'homme violent et sanguinaire qui n'avait, dit la chronique, d'autre occupation que de chasser le matin, de battre ses vassaux le soir, et de s'enivrer la nuit, quand il ne détroussait point les passants. Dans ces longs jours de tristesse et de deuil, que lui faisait son mari, Diane aimait à se reporter en pensée au château de Pierreclos, si gai et si riant au pied de la colline, où l'air lui paraissait plus pur et le soleil plus chaud. N'était-ce pas là, du reste, qu'elle avait coulé sa vie si insouciante et si heureuse aux genoux de sa mère, aux côtés de celui qu'elle avait cru pendant longtemps son cousin, Gaston de Champdieu, jeune orphelin, disait-on, que la comtesse de Rougemont avait recueilli auprès d'elle pour l'élever avec sa fille.

Pendant bien longtemps aussi Gaston avait été sa joie et son rêve d'avenir; elle se rappelait l'émotion sans cesse croissante qu'elle éprouvait à l'attendre, quand le jeune étourdi poussait un peu loin dans les bois ses courses vagabondes; le charme qui la saisissait en l'entendant lui faire ses confidences intimes; car l'affection profonde qui toujours avait uni les deux jeunes gens s'était bientôt changée en amour; et cet amour grandissait avec l'âge, quand la découverte d'un terrible secret vint rompre brusquement ces liens mystérieux qui enchaînaient leurs cœurs. Gaston n'était pas le cousin de Diane, mais son frère. La noble châtelaine, Héléna de Champdieu, l'avait eu avant son mariage avec Bernard de Rougemont; et à la mort de son mari, elle l'avait rappelé près d'elle pour partager entre sa fille et lui son amour et ses soins.

Bientôt après, Gaston dut quitter Pierreclos, emportant dans son cœur brisé le souvenir et l'image de Diane; guerroya sous Charles le Bel et Philippe de Valois et passa les mers. Cependant Diane s'était mariée au seigneur Geoffroy de Berzé. Mais la douleur et la honte de se voir associée à la vie d'un être brutal et violent avaient flétri sa beauté et miné ses jours. Elle craignait de mourir avant d'avoir revu Gaston qui pouvait au moins par son affection et ses bonnes paroles adoucir l'amertume de ses derniers moments. C'était une consolation suprême qui semblait due à ses malheurs, et qui lui fut réservée. Gaston revint en France, après huit ans d'absence, et se hâta de se rendre au château de Berzé. Geoffroy le reçut en maugréant; mais il ne pouvait repousser le cousin de sa femme.

L'entrevue du frère et de la sœur fut poignante; et la châtelaine de Berzé raconta au jeune chevalier tous les maux qu'elle avait soufferts et ceux qu'elle pouvait souffrir encore. Il y eut entre eux deux de nombreuses et nouvelles confidences, mais bien différentes de celles qu'avaient entendues les bosquets de Pierreclos, et dans lesquelles la douleur de Diane put s'épancher longuement dans le cœur de Gaston. Celui-ci, du reste, ne tarda pas à connaître le dur châtelain, et chaque jour, dans ses courses aux environs de Berzé, il apprenait quelque nouveau méfait. La vie n'était plus supportable pour sa sœur, et il lui persuada de s'enfuir avec lui pour vivre ensemble dans la retraite. Mais Geoffroy était jaloux. Il n'avait pas tardé à s'apercevoir de l'intimité qui régnait entre son hôte et sa femme. Il les épia, et un soir qu'ils combinaient définitivement pour le lendemain matin un départ secret, il les entendit, caché derrière un taillis, se promettre de meilleurs jours et une affection sans borne. Diane ne put dormir de la nuit, attendant le soleil avec impatience. Mais la journée se passa, Gaston ne vint point; en vain l'attendit-elle longtemps encore, il ne reparut plus. Qu'était-il devenu?

A quelque temps de là, le château de Berzé vint à être assiégé par les ordres du duc de Bourgogne, Eudes IV, qui avait à se plaindre d'un crime nouveau commis par le châtelain. Jamais armée plus considérable n'avait encore paru devant ces murs; la résistance fut cependant longue et acharnée; mais, épuisé d'hommes et de vivres, le manoir dut se rendre : quant à Geoffroy, il avait été tué dans l'action. Les vainqueurs visitèrent les appartements et les souterrains; et ce fut dans l'un de ces derniers que l'on trouva le corps de Gaston affreusement mutilé, gisant à côté de celui d'un jeune taureau. Etait-ce là l'instrument de supplice dont s'était servi Geoffroy pour immoler sa victime? Quelques jours après, Diane de Pierreclos prenait le voile et entrait au couvent de Marcigny.

Ce n'est pas sans doute le seul des drames sanglants qu'aient eu à enregistrer les annales de Berzé-le-Châtel et qu'ait recueilli la légende; mais l'histoire nous offre d'autres exemples de cette humeur batailleuse qui poussait les seigneurs de Berzé à se mêler à tous les événements, guerres civiles et troubles intérieurs, qui déchirèrent la France du XVe au XVIIe siècle : luttes des Armagnacs et des Bourguignons, luttes religieuses, luttes des ligueurs et des royalistes, etc.

Le duc de Bourgogne avait une garnison dans le château de Berzé, en 1419. Les Armagnacs, n'ayant pu le lui enlever de vive force, s'en emparèrent par ruse en 1421, et de là ravagèrent le pays jusqu'à ce qu'ils fussent chassés par les Bourguignons. «On voit, en effet, dans les registres secrétariaux de Mâcon, qu'au mois de novembre 1430, le conseil de la ville députa à Dijon, auprès du Gouverneur de Bourgogne pour exposer que le pays du Mâconnais était en voie de perdition, si pourvu n'était à rebouter les ennemis qui tenaient Mazille et Berzé et détruisaient tout ledit pays. »

Au siècle suivant, Berzé compte parmi les châteaux forts de Bourgogne qui ont joué le principal rôle dans les guerres de religion. Il était alors occupé par le seigneur de Rochebaron, seigneur de Joncy et de Berzé qui fut un fidèle champion du parti royaliste. « Les habitants de Mâcon eurent beaucoup à souffrir de son voisinage. Plusieurs fois cette ville, qui était au pouvoir de Mayenne, envoya des troupes pour en faire le siége. La femme du sieur de Rochebaron commandait le château en l'absence de son mari qui guerroyait dans le pays. On lit dans les annales inédites de Mâcon qu'au mois d'octobre 1589, le receveur des tailles s'étant plaint au gouverneur de cette ville de ce que les villages sujets du seigneur de Berzé refusaient de payer les cotes auxquelles ils étaient imposés pour les munitions, « M. de Varennes écrivit une lettre fort honnête à Mme de Rochebaron qui lui fit une réponse fort fière et lui manda qu'elle avait défendu à ses villages de soulager les traîtres de Mâcon, et que si on entreprenait quelque chose sur eux, elle saurait bien s'en venger. Le gouverneur fut tellement piqué qu'il fit enregistrer cette lettre, afin de justifier du peu d'affection que cette dame avait pour l'union. » Le seigneur de Rochebaron donnait refuge dans son château à tous ceux qui se disaient partisans du roi de Navarre. Il permettait à sa garnison de faire des prisonniers de toutes sortes, quoiqu'ils ne fussent point gens de guerre, et surtout s'ils étaient de Mâcon.

« Mais, le 3 août 1591, M. de Nemours, qui commandait pour la ligue, arriva à Mâcon avec 400 chevaux et 1200 hommes de pied. Le même jour il prit ses dispositions pour aller investir le château de Berzé où était le sieur de Rochebaron et sa femme. A cette occasion, il ordonna aux échevins de fournir 15000 pains et 15 bottes de vin, qui furent achetées jusqu'à 26 écus la botte. Le 6, le sieur de Rochebaron ayant appris qu'on venait assiéger son château avec des couleuvrines, une bâtarde, une moyenne et deux fauconneaux, envoya dire à M. de Nemours qu'il demandait à capituler ; à quoi le prince consentit. La capitulation fut signée ; et le 9 août 1591, en vertu de cette capitulation, le sieur de Rochebaron sortit, emmenant tous ses meubles et ses gens sans être inquiété. » (Annuaires de Saône-et-Loire et Dictionnaire mâconnais.)

Berzé demeura aux mains des ligueurs jusqu'à l'arrivée effective de Henri IV au trône, en 1594. A ce moment, une ère nouvelle commença pour la France, ère de pacification et de régénération sous l'administration éclairée et ferme du nouveau roi ; les différents chefs de la Ligue firent peu à peu leur soumission, abandonnant leurs conquêtes, les provinces et les châteaux qu'ils détenaient illégalement. Berzé fut restitué à ses propriétaires légitimes, mais depuis il n'a plus eu d'histoire. La royauté du reste ne l'aurait pas toléré.

J.-B. PAQUIER,

Professeur à l'Ecole normale spéciale de Cluny.

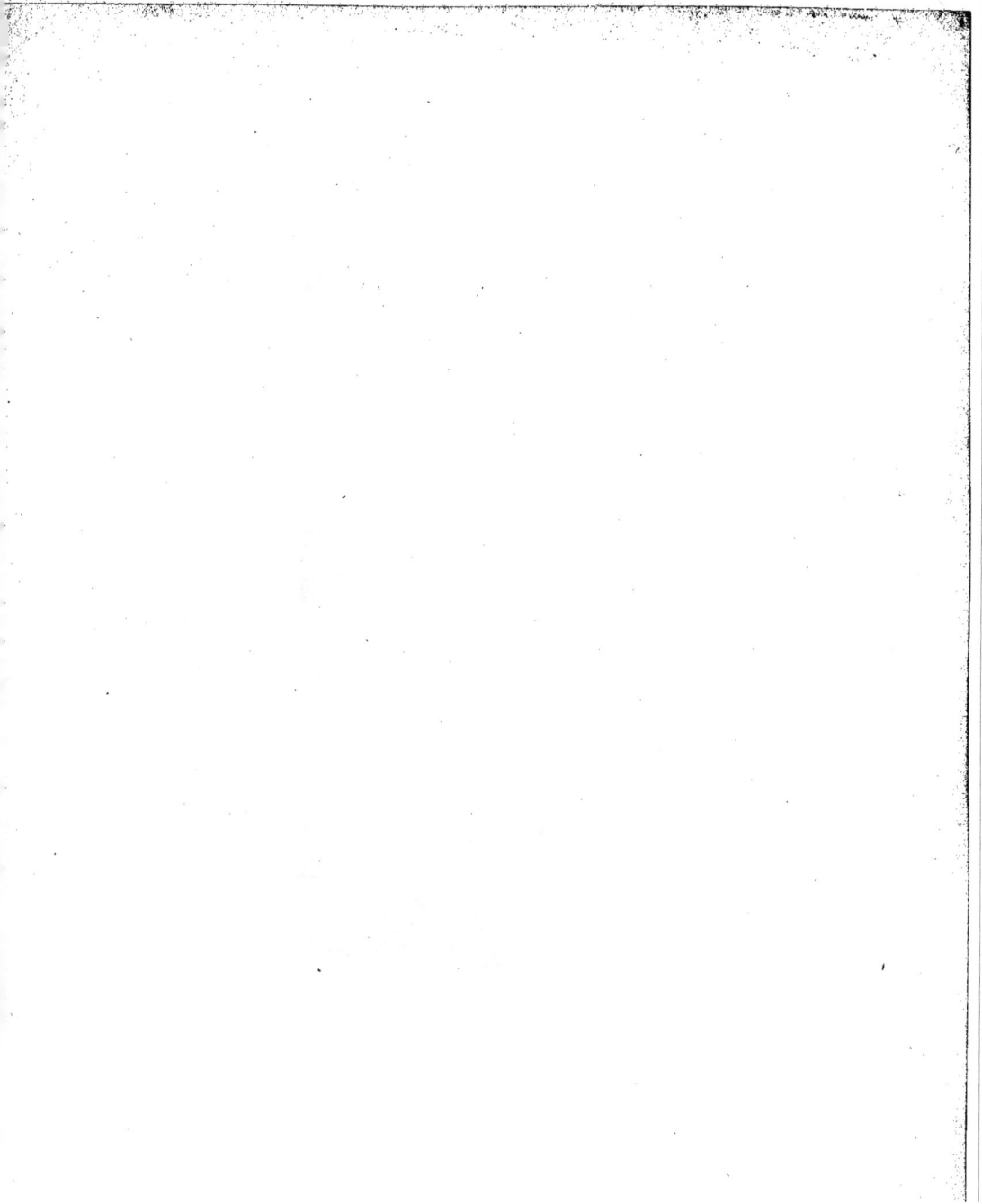

LA BOURGOGNE MONUMENTALE ET PITTORESQUE

Bonilaud, phot.

CHATEAU DE SAINT-POINT.

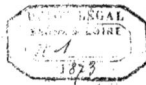

CHATEAU DE SAINT-POINT

Non loin de la rive embellie
Où la Saône aux flots assoupis
Retrouve sa pente, et l'oublie
Pour caresser les verts tapis
Où son cours cent fois se replie ;

Au pied des monts, où l'on croit voir
La nuit s'enfuir, le jour éclore,
Dont les neiges, que le ciel dore
Comme un majestueux miroir,
Sur nos champs projettent encore
Les premiers reflets de l'aurore
Et l'ombre lointaine du soir ;

Entre deux étroites collines
Se creuse un oblique vallon,
Tel que Virgile et Fénélon
L'auraient peint de leurs mains divines.

Le double mont qui le domine,
Et le défend de l'acquilon
Sous le poids des forêts s'incline,
Et de pente en pente décline
Jusqu'au lit bordé de gazon
Ou notre humble ruisseau sans nom
Déroule sa nappe argentine
Et dans son onde cristaline
Aime a bercer le doux rayon
De la lune qui l'illumine.

Au sommet d'un léger coteau
Qui seul interrompt ces vallées

S'élèvent deux tours accouplées,
Par la teinte des ans voilées ;
Seul vestige d'un vieux château
Dont les ruines mutilées
Jettent au loin sur le hameau
Quelques ombres démantelées.

Elles n'ont plus d'autres vassaux
Que les nids des joyeux oiseaux,
L'hirondelle et les passereaux
Qui peuplent leurs nefs dépeuplées ;
Le lierre au lieu de vieux drapeaux
Fait sur leurs cimes crénelées
Flotter ses touffes dévoilées,
Et tapisse de verts manteaux
Les longues ogives moulées.

Ce n'est plus qu'un débris des jours,
Une ombre, hélas ! qui s'évapore.
En vain à ces nobles séjours
Comme le lierre aux vieille tours
Le souvenir s'attache encore ;

Minés par la vague des ans
Sur le cours orageux du temps
Leur puissance s'en est allée ?
Ils font sourire les passants
Ils n'ont plus d'autres courtisans,
Que les pauvres de la vallée.

Telle est la description que l'auteur des *Méditations* fait de ce séjour où s'est écoulée la plus grande partie de sa vie, et qui a vu naître quelques-uns de ses plus beaux chefs-d'œuvre. Saint-Point, aujourd'hui, est un lieu de pèlerinage ; et pas un voyageur ne s'aventure dans nos régions pittoresques du Mâconnais, sans aller rendre un dernier hommage a la mémoire du poète-orateur qui fut l'une des gloires les plus pures et les plus brillantes de notre pays. Il y retrouve a chaque pas quelque souvenir attachant qui l'émeut et parle à son imagination en même temps qu'à son cœur, depuis le cabinet de travail où s'est recueillie si souvent la pensée du grand écrivain jusqu'à la modeste sépulture ou reposent ses restes à ceux de sa mère, de sa femme et de sa fille.

Peu importe l'histoire de ce manoir féodal qui conserve encore quelques traces des vieilles constructions du moyen-âge ; peu importe l'histoire de ces orgueilleux seigneurs qui, pour la plupart, se sont rendus célèbres par leur fanatisme religieux ou leurs brigandages, et surtout celle de Guillaume de Saint-Point, gouverneur de la ville de Mâcon de 1560 à 1566, et qui se signala par de cruelles représailles envers les Calvanistes. Il les conduisait dit la légende sur le pont de Mâcon, et les faisait sauter un à un dans la rivière ; ceux qui parvenaient à gagner la rive, étaient épargnés; et une ancienne tradition encore accréditée parmi le peuple, a conservé le souvenir de ce jeu barbare, que l'on nommait *les sauteries, les farces de Saint-Point*. Peu importe en un mot ces vieux souvenirs des siècle écoulés ; la seule histoire qu'ait et que conservera Saint-Point, est celle que lui a faite Lamartine, et cette histoire est éparse dans toutes ses œuvres, dans ses *Méditations* et ses *Harmonies*, dans ses *Confidences* et ses lettres.

Si Milly a vu le poète grandir et rêver ses premières illusions de jeunesse, Saint-Point l'a vu dans tout l'éclat de sa gloire d'écrivain et d'homme politique composer quelques unes de ces œuvres immortelles qui comptent parmi les plus belles de notre littérature, couler une vie tranquille et heureuse, et recevoir comme hôtes tout ce que la France, l'Europe et les deux mondes comptaient d'illustre dans la poésie, l'art, et la diplomatie. Ecoutons le chanter ces jouissances intimes qu'il éprouvait dans cette solitude choisie, faite d'amour de quiétude et de bonheur.

D'autres n'ont que l'absinthe ; et moi, grâce au Seigneur,
J'ai ce que leur misère appelle le bonheur ;
Un toit large et brillant sur un champ plein de gerbes ;
Des prés où l'aquilon fait ondoyer mes herbes,
Des bois, dont le murmure et l'ombre sont à moi,
Des troupeaux mugissants qui paissent sous ma loi ;
Une femme, un enfant, trésors dont je m'enivre,
L'une par qui l'on vit, l'autre qui fait revivre ;
Un foyer où jamais l'indigent éconduit
N'entre sans déposer son bâton pour la nuit ;
Où l'hospitalité, la main ouverte et pleine,
Peut donner sans peser le pain de la semaine ;
Ou verser à l'ami qui visite mon toit
Un vin qui réjouit la lèvre qui le boit.
Que dirai-je plus ? La douce solitude,
Le jour semblable au jour, lié par l'habitude ;
Une harpe, humble écho d'espérance et de foi
Et qui chante au dehors quand mon cœur chante en moi ;
Le repos, la prière, un cœur exempt d'alarmes,
Et la paix du Seigneur, joyeuse dans les larmes.

Ailleurs il nous fait assister à une de ces froides et humides matinées de novembre qui pour lui sont fécondes en pensée et en travail ; et pour qui connaît les lieux, c'est une peinture attrayante qui nous séduit et nous charme : « Quand l'année politique a fini, quand la Chambre, les Conseils généraux, les Conseils municipaux, les élections, les moissons, les vendanges, les semailles me laissent deux mois seul et libre dans cette chère masure de Saint-Point, ma vie de poète recommence pour quelques jours. A ce moment je me lève bien avant le jour ; cinq heures du matin n'ont pas encore sonné à l'horloge lente et rauque du clocher qui domine mon jardin, que j'ai quitté mon lit, rallumé ma lampe de cuivre et mis le feu au sarment de vigne qui doit réchauffer ma veille, dans cette petite tour voûtée, muette et isolée, qui ressemble à une chambre sépulcrale habitée encore par l'activité de la vie. J'ouvre ma fenêtre ; je fais quelques pas sur le plancher vermoulu de mon balcon de bois, je regarde le ciel et les noires dentelures de la montagne ; et quand il y a du vent, je vois courir les nuages sur les dernières étoiles qui brillent et disparaissent tour à tour comme des perles de l'abîme que la vague recouvre et découvre dans ses ondulations. Les branches noires et dépouillées des noyers du cimetière se tordent et se plaignent sous la tourmente des airs, et l'orage nocturne ramasse et roule leur tas de feuilles mortes qui viennent bruire et bouillonner au pied de la tour comme de l'eau.

« A un tel spectacle, à une telle heure, dans un tel silence, au milieu de cette nature sympathique, de ces collines où l'on a grandi, où l'on doit vieillir, à dix pas du tombeau où repose, en nous attendant, tout ce que l'on a le plus pleuré sur la terre, est-il possible que l'âme qui s'éveille et qui se trempe dans cet air des nuits n'éprouve pas un frisson universel, ne se mêle pas instantanément à toute cette magnifique confidence du firmament et des montagnes, des étoiles et des prés, du vent et des arbres, et qu'une rapide et bondissante pensée ne s'élance pas du cœur pour monter à ces étoiles, et de ces étoiles pour monter jusqu'à Dieu ?... Le froid du matin me saisit, mes pas craquent sur le givre ; je referme ma fenêtre et je rentre dans ma tour où le fagot réchauffant pétille, et où mon chien m'attend.

« Je vais, je viens, je fais mes six pas dans tous les sens, sur les dalles de ma chambre étroite, j'élève en me promenant mon âme au créateur et j'articule quelques lambeaux des prières que notre mère nous apprenait dans notre enfance, puis je m'assieds près de la vieille table de noyer où mon père et mon grand-père se sont assis. Elle est couverte de livres froissés par eux et par moi ; leur vieille bible, un grand Pétrarque in 4° ; un Homère, un Virgile, un volume des lettres de Cicéron, un tome dépareillé de Chateaubriand, Gœthe de Byron, tous philosophes ou poètes, et une petite imitation de Jésus-Christ, bréviaire philosophique de ma pieuse mère, qui conserve la trace de ses doigts, quelquefois de ses larmes, quelques notes d'elle, et qui contient à lui seul plus de philosophie et plus de poésie que tous les poètes et tous les philosophes. Au milieu de tous ces volumes poudreux et épars, quelques feuilles de beau papier blanc, des crayons, et des plumes, qui invitent à crayonner et à écrire.

« Le coude appuyé sur la table et la tête sur la main, le cœur gros de souvenirs et de sentiments, la pensée pleine de vagues images, les sens en repos ou tristement bercés par les grands murmures des forêts qui viennent tinter et expirer sur mes vitres, je me laisse aller à tous mes rêves. Je ressens tout, je pense à tout ; je roule nonchalamment un crayon dans ma main, je dessine quelques bizarres images d'arbres ou de navires sur une feuille blanche ; le mouvement de la pensée s'arrête comme l'eau dans un lit de fleuve trop plein ; les images, les sentiments s'accumulent ; ils demandent à s'écouler sous une forme ou sous une autre : je me dis : « Ecrivons. »

C'était là, la période heureuse et féconde de cette vie si agitée et si bien remplie d'ailleurs ; mais bientôt vinrent les jours d'épreuve, jours longs et désespérés, au milieu desquels se brisa peu a peu l'âme du poète et avec elle ses joies, ses illusions, et tout ce qui avait fait sa force et son bonheur. Saint-Point le revit bien souvent encore ; et chaque année quand revenait l'automne, le modeste château s'emblait s'animer d'une vie nouvelle et l'humble village s'égayer, car « le Père commun » était là ; mais chaque année le revoyait plus seul, plus isolé ; et jamais nous n'oublierons l'impression douloureuse et profonde que fit sur nous la vue de cette figure, noble et sereine encore, mais qui, comme détachée de ce monde, semblait chercher dans la vague de l'infini le souvenir ou la pensée qui peu a peu abandonnait son esprit. — Il s'éteignit lentement, sans douleur, et il vint rejoindre, dans un coin de cette demeure aimée, sa mère, sa fille et sa femme qui avaient emporté avec elles la plus belle moitié de son cœur.

« J'ai fait bâtir une chapelle entre l'église et le Jardin, écrit-il, pour y déposer les restes de ma mère. D'éja elle n'y repose plus seule. Il n'y a qu'une simple inscription en lettres de bronze inscrutées dans la corniche gothique de l'ogive qui sert de portique à la mort :

Speravit anima mea.

« Elle avait toujours espéré jusque dans la mort, son âme n'était qu'une aspiration. » Pour lui aussi était bien faite cette inscription : jamais aucun poète n'a chanté en plus beaux vers l'immortalité, et jusqu'à ses derniers moments il eut besoin d'espérer et de croire.

> Non, non ! pour éclairer trois pas sur la poussière,
> Dieu n'aurait pas créé cette immense lumière,
> Cette âme au long regard, à l'héroïque effort !
> Sur cette froide pierre en vain le regard tombe,
> O vertu ! ton aspect est plus fort que la tombe
> Et plus évident que la mort !

J.-B. PAQUIER,
Professeur à l'Ecole normale spéciale de Cluny.

RUINES DE BRANCION

Boulland, phot.

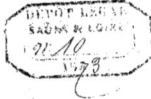

RUINES DE BRANCION

Le village de Brancion qui se réduit aujourd'hui à moins de deux cents maisons, était autrefois un bourg considérable longtemps décoré du nom de ville et du titre de Châtellenie royale. Son importance venait de sa situation même au sommet des hauteurs qui commandent les vallées du Grison et de la Natouse, et son château était un des plus forts de la Bourgogne. Aujourd'hui encore on retrouve quelques traces des anciennes murailles épaisses et solides qui entouraient le bourg ; et la seule porte qui donne entrée dans la rue principale date du moyen-âge.

C'est dire que ville et château ont joué un rôle actif à l'époque de la féodalité et dans l'histoire de nos luttes intérieures. Là du reste a régné pour ainsi dire en souveraine maîtresse l'une des plus anciennes et des plus puissantes familles non seulement de la Bourgogne mais de la France. Du X⁰ au XIV⁰ siècle les annales du royaume sont pleines des exploits accomplis par les sires de Brancion. L'historien Guichenon donne sur eux la note suivante : « Ils dominaient à Brancion, à Uxelles, à Cruzille, et dans différents pays du Mâconnais. Ils tenaient le premier rang parmi les seigneurs de Bourgogne, tant à cause de l'ancienneté de leur race que de l'étendue de leurs possessions.[*] » C'étaient les hôtes assidus des premiers ducs de Bourgogne ; et une tour du palais ducal à Dijon s'appelait encore au XVIII⁰ siècle *La tour de Brancion*.

Les Brancion étaient trop puissants et trop ambitieux aussi, pour qu'il n'eussent pas souvent maille à partir avec les moines de Cluny ; ils faisaient des incursions nombreuses sur les riches terres de l'Abbaye, se livraient à des déprédations continuelles et pillaient sans merci les églises et les bâtiments qui en dépendaient. Une des chartes du cartulaire de Saint-Hugues, dit M. Chavot dans son étude sur les franchises et les coutumes de la ville de Cluny au XII⁰ siècle, nous montre un des nombreux exemples de ces exploits seigneuriaux. Landric le Gros, fils de Bernard de Brancion, et sire d'Uxelles, ayant surpris sur ses terres des marchands de Langres qui se rendaient à Cluny, s'empara de leurs marchandises. Sur les réclamations de l'évêque de Langres et des moines de

---

[*] *Branceduni, Uxellarum, Cruzellii et aliorum locorum, in pago Masliconensi, dominus qui inter Burgundiæ proceres locum fere primum tenebat, sive ob generis antiquitalem, sive ob ditionum amplitudinem.*

Cluny, il n'en rendit qu'une partie. Les marchands pour recouvrer le surplus, et acquérir la faculté de passer désormais sur le territoire de ce seigneur sans crainte d'exaction, convinrent de lui payer annuellement un tribut. Landric, encouragé par cet avantage, arrêtait ou faisait arrêter par ses gens toutes personnes qui passaient par ses terres soit pous affaires soit pour pèlerinage et leur imposait un droit de péage. Les moines de Cluny inquiets d'une pareille mesure, sollicitèrent Landric de s'en départir, et finalement il fut convenu que ce droit serait racheté, tant en faveur des moines que de toutes autres personnes, la somme de 300 sols.

Son père Bernard le Gros, n'avait pas été moins tracassier, mais il avait fait amende honorable avant de partir pour la deuxième croisade. Il reconnut en son château de Brancion, dit un Cartulaire, que dans toute la terre dépendante de l'église de Cluny, ainsi que dans les obédiences et doyennés il n'avait ni droit de gîte, ni droit de conduire les hommes de l'Abbaye à l'armée, de construire une forteresse, d'imposer une taille, ni droit de justice d'un forfait quelconque, d'homicide, de vol, d'adultère ; qu'il ne jouissait d'aucune coutume si ce n'est de celles qui existent entre bons voisins. Mais après son départ, son fils aîné Josserand n'en continua pas moins les mêmes déprédations. Plainte en fut portée au pape Eugène III qui le frappa d'excommunication jusqu'à ce qu'il comparût devant Amédée, archevêque de Lyon, pour réparer les forfaits qu'il avait commis au préjudice de l'Abbaye. Il vint donc pour cette cause, à l'audience de l'archevêque, et en vertu du jugement qui fut rendu, il promit en ses mains de restituer ce qu'il avait pris, de réparer les dégâts qu'il avait commis et de s'en abstenir à l'avenir.

Mais Josserand ne tint compte de ses promesses, et non seulement on voit le pape mander aux évêques de Mâcon et de Chalon de l'excommunier de nouveau, mais le roi de France lui-même s'émouvoir. Louis VII et plus tard Philippe-Auguste furent obligés, par trois fois, de venir en Bourgogne avec une armée pour forcer les sires de Brancion, de Beaujeu et le comte de Chalon à restituer ce qu'ils avaient enlevé.

Mais parmi tous ces aventureux châtelains qui ne demandaient, comme tous les membres de la féodalité française à cette époque, qu'à batailler et à pourfendre moines et villains, il en est un qui s'acquit une belle et brillante renommée. C'est Josserand III, « le plus preux chevalier de son temps, » sujet fidèle et loyal de Louis IX, qui assista à trente-six combats ou batailles, et dont le neveu Joinville, le fameux chroniqueur de la deuxième croisade, a célébré les hauts faits d'armes. « Ce baron, dit saint Julien, un historien de la Bourgogne, fut le plus puissant de sa maison, et plus qu'aucun de ses prédécesseurs il mérita le surnom de Gros, non du nom de famille, mais à cause de l'abondance de ses biens et seigneuries. » Ce surnom de Gros, en effet, était héréditaire dans cette famille, et on le voit porté par tous ses représentants jusqu'à la fin du XIII° siècle.

Les exploits de Josserand III tiennent une grande place dans la journée malheureuse de Mansourah, et Joinville en parle avec émotion et respect.

« Après le corps du comte de Poitiers, était le corps de monseigneur Josserand de Brancion qui était venu avec le comte en Egypte, l'un des meilleurs chevaliers qui fut dans l'armée. Il avait disposé ses gens de manière que tous ses chevaliers étaient à pied ; et lui était à cheval ainsi que son fils, monseigneur Henri, et le fils de monseigneur Josserand de Nanton ; ceux-là, il les retint à cheval parce qu'ils étaient enfants. Par plusieurs fois les Turcs lui déconfirent ses gens. Toutes les fois qu'il voyait déconfire ses gens il piquait des éperons et prenait les Turcs par derrière ; et ainsi les Turcs laissèrent par plusieurs fois ses gens pour lui courir sus. Toutefois cela ne leur eût pas servi à empêcher que les Turcs né les eussent tous tués sur le champ de bataille, n'eût été monseigneur Henri de Cône, qui était dans le camp du duc de Bourgogne, sage chevalier, et preux, et réfléchi. Et toutes les fois qu'il voyait que les Turcs venaient courir sus à monseigneur de Brancion, il faisait tirer les arbalétriers du roi contre les Turcs à travers la rivière. Et toutefois le sire de Brancion échappa aux dangers de cette journée ; mais de vingt chevaliers qu'il avait autour de lui il en perdit douze, sans compter les autres gens d'armes ; et lui-même fut si mal arrangé que jamais depuis il ne se tint sur ses pieds et qu'il mourut de cette blessure au service de Dieu.

« Je vous parlerai du seigneur de Brancion. Il avait été, quand il mourut, à trente-six batailles et combats d'où il avait remporté le prix de vaillance. Je le vis dans une expédition du comte de Chalon, dont il était cousin ; et il vint à moi et à mon père, et nous dit le jour d'un vendredi saint : « Mes neveux, venez m'aider et vous et vos gens ; car les Allemands brisent l'Eglise. » Nous allâmes avec lui et leur courûmes sus, l'épée à la main ; et à grand'peine et à grande lutte les chassâmes de l'Eglise. Quand ce fut fait, le prud'homme s'agenouilla devant l'autel, et s'écria à notre Seigneur à haute voix, et dit : « Sire, je te prie qu'il te prenne pitié de moi et que tu m'ôtes de ces guerres entre chrétiens là où j'ai vécu longtemps, et que tu m'octroies de pouvoir mourir à ton service, pour que je puisse avoir ton royaume de Paradis. » Et je vous ai raconté ces choses parce que je crois que Dieu le lui octroya, ainsi que vous pouvez l'avoir vu ci-devant. »

La fortune de cette famille ne tarda pas à s'éteindre ; et si Josserand III fut le plus grand de sa race, il en fut aussi, pour ainsi dire, le dernier. La nomenclature que l'abbé Courtépée nous a laissée de ses successeurs, est assez sèche et vide de faits importants. Son fils aîné, Henri de Brancion, vendit au duc Hugues de Bourgogne, Brancion, Uxelles, Beaumont, etc., en 1259, pour 9,000 livres, et ruina sa maison. Après lui sa fille et son gendre aliénèrent de même au duc Robert les châteaux d'Aignan, de Sanvignes, de l'Epervière, les terres d'Etalentes, Marcilly, Darcey, Jours, Pâques, Marcenay, en 1272. Pierre de Brancion, le second fils de Josserand III et seigneur de Visargent, en Bresse, continua la lignée, et fut le dixième aïeul de Cl. de Brancion élu de la noblesse aux Etats d'Auxone en 1615, le bisaïeul de Brancion-Visargent chevalier d'honneur au Parlement en 1756, mort en 1762. Il y avait deux frères : l'un, chevalier de Malte, brigadier ; l'autre, chevalier de Saint-Lazare, capitaine des grenadiers dans Vieille-Marine. La dernière du nom fut Magdeleine-Gasparde de Brancion, mariée en 1749 à Jean-Claude de Clermont-Mont-Saint-Jean, baron de Flacieux, et de la Balme en Bugey, et qui s'éteignit en 1785.

Quant à Brancion, depuis la cession faite par Henri, il fut gouverné au nom des ducs de Bourgogne par des Baillis particuliers ; et le château, rebâti par Philippe le Bon sur un coteau élevé qui dominait le village et le pays environnant, devenait une des positons les plus fortes de la Basse-Bourgogne. Les ducs de la maison royale des Valois y entretinrent toujours une nombreuse garnison, et de 1407 à 1418, lors de la querelle des Armagnacs et des Bourguignons, ceux-là vinrent toujours échouer au pied de ses remparts. Brancion était en effet avec Uxelles le point de mire de tous les ennemis qui s'aventuraient dans ces parages; leurs tours commandaient le passage des plaines de la Bresse et de la vallée de la Saône dans le massif du Morvan, sur lequel s'appuyait au S.-E. la domination royale. Pendant les guerres de religion, nous voyons encore le colonel Alphonse d'Ornano, avec 1700 hommes, s'emparer du bourg par le moyen des pétards et faire venir des boulets de Mâcon pour assiéger le château en 1592. Il en sortit deux ans après, emportant une belle pièce de canon qui figure aujourd'hui au musée d'artillerie, à Paris. Plus tard, sous le ministère de Richelieu, Brancion fut du nombre des châteaux forts qui furent condamnés par le sévère cardinal à perdre leur artillerie et la plus grande partie de leurs forifications ; et depuis il disparut complètement. Possédé par des seigneurs gagistes, et notamment par les comtes de Montrevel, il arrive à la révolution française qui lui porte les derniers coups ; et deux vieilles tours carrées restent seules, reliées entre elles par quelques pans de vieux murs, pour attester l'existence de l'orgueilleux manoir féodal.

Aujourd'hui ces ruines appartiennent à M. le comte de Murard, qui en a fait un rendez-vous de chasse, célèbre dans tout le département. Entre l'ancien château et le village, près de l'unique porte d'entrée, il a élevé une construction moderne qui ne manque pas d'originalité et que semble abriter encore de son ombre la massive demeure des sires de Brancion. L'opposition de ces deux résidences seigneuriales ajoute encore au pittoresque des lieux.

Quelques détails, en terminant, sur les antiquités celtiques ou romaines trouvées sur ces hauteurs. Dans un champ du hameau de *Marsailly* ou *Martailly* on a trouvé en 1771 de gros carreaux ou dalles de marbre que l'on crut être les restes d'un temple romain. Le hameau de *Pierre-Levée* possède une pierre brute de quatre mètres de hauteur que l'on suppose être un monument celtique. Au hameau de *Nobles,* on découvrit vers le commencement de ce siècle, entre autres squelettes humains, quelques- uns qui, dit Alexis Monteil, présentaient cette particularité d'avoir la tête tournée du côté de l'Occident.

J.-B. PAQUIER,

Professeur à l'École normale spéciale de Cluny.

St Lazarsoni

Bouillod, phot.

ABBAYE DE TOURNUS

L'ABBAYE DE TOURNUS

L'Abbaye de Tournus compte parmi les plus anciennes et les plus célèbres de la Bourgogne, qu'illustrèrent encore les monastères de Cîteaux et de Cluny ; aujourd'hui ses restes ne laissent pas que d'être imposants et l'église abbatiale, sous le vocable de saint Philibert, est considérée à juste titre par les archéologues comme un des monuments les plus remarquables de l'architecture romane. Mais on y remarque les traces de plusieurs constructions successives qui s'expliquent par les déprédations et les incendies que cette puissante maison eut à subir de la part des grandes invasions barbares, du VIIIᵉ au Xᵉ siècles. L'histoire de l'abbaye, en effet, est liée intimement à l'histoire même de la ville de Tournus ; et celle-ci placée sur les bords de la Saône, au milieu de cette longue et fertile vallée qui va en s'élargissant du côté du plateau de Langres, des Vosges et du Jura, devait être, plus que toute autre, exposée aux attaques des Sarrazins et des Hongrois qui venaient en sens contraire ravager notre pays.

La première abbaye fondée à Tournus avait d'abord été consacrée à saint Valérien, dont le nom devint légendaire parmi les populations de la Bourgogne. Valérien, ami et compagnon de Marcel, était venu vers la fin du IIᵉ siècle de notre ère, prêcher l'évangile aux habitants de Tournus. C'était déjà une cité importante qui servait aux Romains d'entrepôt pour les approvisionnements de l'armée ; à égale distance de Chalon et de Mâcon, elle commandait en outre l'entrée dans les régions sans cesse remuantes des Eduens et des Séquanes. Mais Priscus, préfet du prétoire de Lyon, informé des prédications de Valérien et du rapide succès qu'elles avaient obtenu, le fit arrêter et décapiter. Les nouveaux convertis recueillirent son corps qu'ils placèrent dans un cercueil de pierre, et construisirent une chapelle souterraine dans laquelle furent déposés les restes du martyr. Ce fut sur cette chapelle que furent bâties, au VIᵉ siècle, l'église et l'abbaye de Saint-Valérien, probablement sous le règne du bon roi Gontran. Deux siècles plus tard, vers 875, l'abbaye prit le nom de Saint-Philibert, quand le moine Geilon, sixième abbé de la congrégation de ce nom, chassé de l'île de Noirmoutiers par les invasions normandes, vint s'établir au centre du royaume des Francs, d'abord à Saint-Pourçain en Auvergne, et de là à Tournus. L'église fut convertie en basilique, et des constructions nouvelles augmentèrent considérablement les bâtiments primitifs.

La munificence royale accrut bientôt les priviléges et les biens de cette nouvelle communauté ; et par une charte du 18 mars 875 on voit Charles le Chauve donner pour toujours à la sainte Vierge, à saint Philibert, à l'abbé Geilon et à sa congrégation, l'abbaye de Saint-Valérien, le château de Tournus, et le village de Tournus avec les habitants des deux sexes, et tout ce qui en dépendait. Deux années plus tard, il ajoute à ces donations plusieurs autres villages, le prieuré de Saint-Romain, près de la Saône, avec les serfs de l'un et l'autre sexe, les églises et toutes leurs dépendances ; en même temps une foire était créée à Tournus, qui durait quatre jours, et dont les abbés de Saint-Philibert percevaient les droits. Dès ce moment, l'abbaye de Tournus prenait place parmi les plus importantes de la France orientale, étendant sa juridicton « des Cévennes au Jura ; » elle eut des vassaux, des officiers de justice et de police, des écuyers, etc. Les sires de Tournus reconnurent tenir en fief de l'abbé la prévoté de la ville et le siége du moulin de Nantouze. Ils eurent dans la justice du Chambrier, le tiers des lods et amendes des ventes des biens meubles ou immeubles des criminels, etc. ; ils prélevèrent certains droits sur les foires et les marchés ; « les pieds de porcs, les langues des grosses têtes tuées à certains jours leur appartenaient notamment. » A l'abbaye même était attaché un majordome, décoré du titre de Maréchal. Il retirait quatre sous parisis de chaque visiteur de l'abbaye, percevait un solignon de sel sur la distribution de cette denrée faite aux pauvres, le premier dimanche de Carême, et une obole parisis sur chaque muid de vin acheté à Tournus et destiné à l'exportation. Le plus important des droits seigneuriaux, le droit de battre monnaie, avait même été concédé aux abbés par le roi Eudes, et confirmé par les premiers Capétiens. Mais ce droit ne fut pas aussi étendu que celui des abbés de Cluny ; car, dit un capitulaire du roi Eudes, renouvelé plus tard par une ordonnance de Robert, « sur les monnaies de Tournus devra figurer le nom royal, pour attester la suzeraineté du roi, seigneur et souverain maître. » Cette restriction apportée à la juridiction monétaire de l'abbaye ne diminuait en rien son pouvoir et ses prérogatives sur les « serfs et villains de Tournus et moult autres lieux, sujets en toute soumission du bienheureux Philibert. »

Ce pouvoir était lourd souvent et pesait au pauvre peuple, lequel essaya en maintes circonstances de revendiquer sinon une indépendance complète, au moins quelques-uns de ses droits. Mais la victoire appartenait toujours à l'abbé qui se vengeait des voies de fait commises par une aggravation de servitude. En 1171, quand Louis VII pénétra en Bourgogne pour mettre un terme aux guerres civiles et aux pillages qui désolaient cette province, il trouva l'abbé Liébaud en pleine lutte avec les principaux habitants de Tournus ; il interposa en vain son autorité ; et ce ne fut qu'en 1202, sous l'abbé Etienne, que la ville put se racheter du droit de mainmorte, mais au prix de sacrifices nombreux. Jamais du reste Tournus ne put obtenir un affranchissement complet, ni devenir une véritable commune dans l'acception propre du mot. Trop éloigné du double mouvement d'émancipation populaire qui au nord multipliait les *Communes*, et au midi les villes de *Consulat*, il subit jusqu'au milieu du XV° siècle l'autorité tracassière des moines. De là soulèvements continuels, prises d'armes, attaques de la part des habitants, résistance et représailles de la part des abbés. C'est ainsi qu'au commencement du XV° siècle, à l'occasion d'un débat nouveau survenu entre la ville et le monastère de Tournus, le bailli de Mâcon, agissant pour le duc de Bourgogne, avait élu quatre échevins chargés de faire des fortifications à la ville. Mais l'abbaye s'en émut, eut recours au Parlement de Paris qui, par un arrêt du 23 juillet 1468, déclara que les habitants ne faisaient pas *corps et communauté*, et leur interdit toutes assemblées et impositions, n'ayant pas obtenu la sanction de l'abbé. Le procureur du duc de Bourgogne, à Chalon, interjeta appel de cet arrêt; les choses en restèrent là pendant les querelles de Louis XI et de Charles le Téméraire; et en 1471, le 19 mai, ce dernier fit saisir par son lieutenant-général de Mâcon tous les revenus du monastère.

Les luttes qui divisaient le monastère et la ville avaient mis souvent aux prises l'abbé lui-même avec les moines parfois insoumis et toujours orgueilleux. C'est ainsi que vers le commencement du X° siècle le plus grand nombre de ces derniers avaient quitté l'abbaye pour se retirer au couvent de Saint-Pourçain, avec leurs reliques, leurs livres et les objets précieux de la basilique. Ils avaient refusé de reconnaître leur abbé Guy, originaire de Langres, parce qu'il était d'un pays mainmortable, et que comme tel ils le jugeaient indigne de les gouverner. Il ne fallut pas moins que la décision du Concile provincial de 949 pour les rappeler au devoir et les faire rentrer à Tournus. Mais à mesure que nous approchons des temps modernes, cet esprit tracassier et remuant disparaît; on pressent l'arrivée d'un pouvoir unique, fort et respecté, qui fera bientôt disparaître toute opposition, mettra fin aux querelles intestines, et imposera à tous une volonté souveraine. La Royauté « est mise hors de page. » Déjà Charles VI ordonne « que les Pennonceaux soient appliqués sur les portes de la ville de Tournus, en signe que le roi de France prenait les habitants d'icelle en sa protection et sa sauvegarde afin que l'abbé de Tournus cessât de les fouler et opprimer. » Louis XI plus tard agira avec plus d'autorité encore; et un coup redoutable sera porté à l'autorité, jusque-là si puissante, de l'abbaye, quand, au XV° siècle, aux abbés réguliers succèderont les abbés commendataires, avec les princes des familles de Renoncourt et de Guise. En 1627 le cardinal François II de la Rochefoucauld sécularisa le monastère; désormais celui-ci n'aura plus d'histoire; réduit à l'état de simple bénéfice il passera entre les mains des seigneurs de haut parage, courtisans habiles mais abbés de mauvais aloi, qui veilleront aux intérêts spirituels et temporels de leurs ouailles, du palais de Versailles ou des appartements du petit Trianon.

Jusqu'à la Révolution, l'abbaye et ses dépendances formaient comme une ville à part avec son enceinte circulaire, ses tours, ses créneaux, ses murs, ses fossés, qui l'assimilaient à une véritable forteresse. On y entrait du côté de la campagne par un pont-levis et un ravelin; du côté de la ville était une poterne, appelée anciennement la Porte urbaine ou orbe, *Porta Urbis*. — Les deux autres parties de Tournus se composaient du quartier de Saint-André, et du vieux Château, qu'avaient primitivement colonisé ou habité les Romains. Aujourd'hui toute trace de séparation a disparu; la ville de Tournus se développe coquettement le long de la Saône, dominée dans la partie du nord par la masse imposante de l'ancienne église abbatiale autour de laquelle on retrouve encore quelques restes remarquables des constructions du moyen-âge.

L'Eglise abbatiale, désignée aujourd'hui sous le nom d'église de Saint-Philibert, est à peu près intacte. « Elle a la forme d'une croix latine, terminée par trois absides, deux tours carrées s'élèvent aux côtés du portail ; un clocher de même forme est placé à l'instersection des transepts et de la nef. Le transept gauche, fort allongé, se termine par une grande chapelle avec son abside, dirigée parallèlement à l'axe de la nef. Le collatéral du même côté a été élargi pour recevoir une rangée de chapelles gothiques. Trois portes, (les deux latérales sont bouchées) communiquaient du vestibule à l'intérieur de l'église. Sous le chœur est une crypte ou plutôt une chapelle souterraine qui a aussi trois absides éclairées par des soupiraux. » Le portail avait été reconstruit au XVIII'siècle par le cardinal Fleury, alors abbé de la maison ; et son style formait un contraste ridicule avec le reste de l'édifice. Il a disparu depuis, pour faire place à un portail qui fut en harmonie avec l'architecture romane du XI° siècle.

Les différentes parties de ce monument religieux, datent d'époques bien diverses. En 732 et en 738, les contructions primitives avaient d'abord été complètement détruites par les Sarrazins ; ceux-ci revinrent de nouveau au commencement du X° siècle après avoir ravagé et pillé Mâcon en remontant le cours du Rhône et de la Saône ; plus tard encore en 937, les Hongrois qui pénétrèrent jusque dans le Berry, saccagèrent et livrèrent aux flammes les bâtiments nouveaux ; sans compter les incendies nombreux qui vers l'an 1000, et 1245 surtout détruisirent une partie des plafonds et les ornements intérieurs. C'est dire qu'on ne peut assigner une époque précise à la crypte, à la coupole, au chœur, à la grande nef, aux chapelles latérales et au transept. Cependant on doit attribuer à l'abbé Bernier, qui après l'incendie de 1106 procéda à la reconstruction de la Basilique, le plus grand nombre de ces parties. « Le cœur paraît être de cette époque ; (le cœur primitif, soutenu vraisemblablement par des colonnes minces, avait été détruit). La crypte a dû être construite ou refaite peu de temps après. Le nombre de ses absides ne permet guère de supposer qu'elle soit antérieure au onzième siècle. Enfin le premier étage du clocher et les deux étages inférieurs des tours paraissent dater à peu près du même temps. Le renfoncement des piliers des transepts aura sans doute eu lieu quand on s'est avisé d'augmenter le poids du clocher en l'exhaussant. »[*]

Le palais abbatial dont on voit la façade, assez semblable à celle du pape Gélase, dans l'ancienne abbaye de Cluny, se développer en arcades gracieuses et légères, est occupé aujourd'hui par des manufactures de couvertures et lainages ; et l'église Saint-Valérien, reconstruite au XII° siècle, sert d'écurie.

J.-B. PAQUIER,

Professeur à l'Ecole normale spéciale de Cluny.

---

[*] Pour les détails d'archéologie et d'architecture consulter l'ouvrage de M. Mérimée *sur l'abbaye et l'église de Tournus,* ; — *Le Dictionnaire des Lettres et des Beaux-Arts* de Bachelet ; — *Les Annuaires* de Saône-et-Loire ; etc.

LA BOURGOGNE MONUMENTALE ET PITTORESQUE

CHATEAU DE LA FERTÉ-SUR-GROSNE

Boullard, phot.

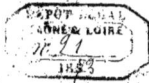

CHATEAU DE LA FERTÉ-SUR-GROSNE

Le château de la Ferté-sur-Grosne* est situé sur les bords de la Grosne à quelques kilomètres de son confluent avec la Saône, près de la grande ligne ferrée de Paris à Lyon et dans une des vallées les puls fertiles de la Basse-Bourgogne. Ce monument tout à fait moderne, qui date en partie du règne de Louis XIII, en partie du règne de Louis XV, est tout ce qui reste de la grande abbaye de La Ferté *(Firmitas)* consacrée à Notre-Dame, et qui s'éleva au commencement du XIIᵉ siècle dans la forêt de *Bragnes*, aujourd'hui Bragny. Quoique défrichée en plusieurs endroits et considérablement amoindrie, cette forêt se retrouve encore éparse en plusieurs tronçons entre Sennecey-le-Grand, Varennes et Buxy. Qu'on se figure cette région au moyen-âge, alors que les landes et les bois couvraient la plus grande partie du sol, que les voies de communication n'existaient guère que le long des grands fleuves ou à travers les grandes plaines de l'Ile de France et de l'Orléanais, on pourra se faire une idée de l'aspect triste et sauvage que présentaient cette vaste forêt et ses solitudes complètement désertes. Mais c'était là le principal attrait qui charmait les moines et les religieux des premiers siècles ; Cluny, Cîteaux, Clairvaux s'élevaient de préférence au milieu des bois épais, et les fondateurs de La Ferté trouvaient dans la forêt de Bragnes un emplacement des plus favorables pour une maison de religieux.

Ce fut le 18 mai 1113, à une grande assemblée d'évêques et de barons, tenue à Semur-en-Auxois que fut décidée la fondation de cette abbaye par Savaric de Vergy et Guillaume de Thiers, comtes de Chalon. Le premier s'était croisé avec Godefroy de Bouillon en 1096, avait assisté à tous les grands combats que les Chrétiens livrèrent aux Musulmans, et en 1100 à la bataille de Tiberiade, avait failli périr de la main d'un Memeluk. Sauvé comme par miracle, il promit à Notre-Dame du Mont-Carmel de lui élever une église. Le second, Guillaume, avait à se faire pardonner un grand nombre de méfaits commis contre les moines de Cluny. Il leur avait même enlevé château de Lourdon et passé au fil l'épée 500 habitants de Cluny. Mais la part importante qu'il prit à la création de l'abbaye nouvelle ne suffit point pour lui concilier l'affection ni la reconnaissance de l'Eglise, car après sa mort on fit répandre le bruit « *qu'il avait été enlevé par le Diable sur un cheval noir*, » et Pierre le Vénérable lui-même en paraissait persuadé. C'était « un triste et bien malséant fondateur

---

* Commune de Saint-Ambreüil (Saône-et-Loire).

pour une maison d'aussi grande renommée ! » Mais, l'abbaye n'en prospéra par moins ; Cîteaux lui envoya ses premiers religieux, en même temps que le 3ᵉ abbé de cette célèbre congrégation, saint Etienne, donnait mission à d'autres colonies de moines de fonder les abbayes de Pontigny, de Morimond et de Clairvaux, qu'on appela bientôt avec La Ferté, les *quatre filles de Cîteaux*.

C'était là une illustre origine que ne démentit point l'histoire de la maison nouvelle. Du reste celle-ci compta bientôt, parmi ses bienfaiteurs, les plus grands noms de la Bourgogne et même du royaume ; on cite plusieurs évêques de Mâcon et de Chalon, Falcon de Réon, Girard de Vienne, les seigneurs de Sevey, de Senneccy, d'Uxelles, de Brancion, de Bissy, qui tous avaient à racheter quelque faute ou quelque crime et faisaient amende honorable en enrichissant les églises et les abbayes ; la comtesse Béatrix et surtout le duc Hugues III de Bourgogne qui, de retour de la terre sainte, où sa vie avait été plusieurs fois mise en danger, combla de ses bienfaits les principales églises de Dijon et aussi La Ferté. Ce fut grâce à ces dons et à la munificence de Louis VII, lors de son voyage en Bourgogne, que l'abbaye put prendre des développements considérables, et son église devenir une des plus vastes et des plus remarquables de la province.

La Ferté fut bientôt comme Cîteaux, Cluny, Morimond, et les plus célèbres monastères de ce temps, une maison-mère de premier ordre, qui put étendre son influence jusqu'au delà des Alpes. Au XVIIᵉ siècle elle ne comptait pas moins de 33 maisons-filles tant en Piémont qu'en Lombardie, qui furent réunies en congrégation. La première était celle du Tillet, le premier couvent de Lombardie en 1120 ; la deuxième, Lodi, diocèse de Verceilles, 1123 ; la troisième, Maizières, 1132 ; sans compter les maisons fondées en France et en Allemagne, et parmi elles celle de Sturzelbrum, dans le comté de Biché, diocèse de Metz. Quant à la maison-mère, elle rayonnait, par ses nombreuses possessions, dans toutes les contrées environnantes de Tournus à Chalon et à Saint-Gengoux ; acquérait successivement Nelly, près de Buxy, Chazeut, Avoise, Lhaleu, Saint-Ambreuil, Villeneuve, Maligny, la seigneurie de Vincelles, la baronnie de Ruffey, le prieuré de Fley, etc. L'abbé était patron de 13 cures, siégeait aux Etats de Bourgogne, le premier des abbés après celui de Cîteaux. Il officiait en habits pontificaux, selon le privilége accordé par le pape Eugène IV en 1439, privilége commun à tous les abbés de l'ordre. Il avait à Chalon un hôtel particulier, où plus tard s'éleva l'abbaye de Saint-Pierre, appelé le *Grand et le Petit La Ferté;* à Chalon aussi la maison possédait un bâtiment dans la rue du Change, où, en temps de guerre, on transportait les titres et les papiers.

A toutes ces richesses vint s'en joindre une plus précieuse encore, et dont la perte fut un malheur pour les Lettres. En 1695, l'abbé Claude Petit acheta la belle bibliothèque de Jean Pleutelot, conseiller au Parlement, et créa ainsi celle de La Ferté qui fut une des plus considérables de ce temps. De 6,000 volumes elle ne tarda pas à s'élever à 9,000, en 1710, et à 13,000 quand le cardinal de Fleury, alors abbé de Tournus, l'eut enrichie des grands ouvrages de la bibliothèque du Louvre. On y remarquait plusieurs manuscrits, entre autres les Sermons et les Lettres de saint Léon ; les Œuvres de saint Augustin, de saint Grégoire, d'Origène, d'Eusèbe, etc., plus la Vie de saint Bernard, écrite en 1290 par Gérard, religieux de Clairvaux, et donnée à La Ferté en 1290. Aujourd'hui ces richesses sont en partie détruites, en partie éparses on né sait où. Ce n'est pas la seule perte que l'on ait à déplorer; la tourmente révolutionnaire a emporté autre chose : la belle et curieuse basilique qui comptait pour un des plus beaux monuments de l'architecture du XIIIᵉ siècle.

L'abbé Courtépée, qui écrivait à la fin du XVIIIᵉ siècle, en faisait à cette époque la description suivante :

« L'église bien éclairée, un des plus beaux vaisseaux de la contrée, bâtie en 1210, a 232 pieds de long sur 65 de large et 60 de hauteur; la croisée a 188 pieds de long sur 31 de large sans y comprendre les chapelles de 8 pieds de profondeur. Elle n'était qu'au premier cordon quand la comtesse Béatrix, en 1217, donna 1,200 brebis et des fonds pour la finir. Elle est superbement ornée. Le fameux sculpteur, Jean Dubois, a déployé dans le chœur toute l'élégance, les richesses et la variété de son art. On voit d'un côté les bustes des Apôtres avec les attributs qui les caractérisent; de l'autre les Prophètes avec les vertus morales et chrétiennes par manière de *termes*. Rien de plus délicat que les 16 petits anges qui sont au-dessus des stalles supérieures. Ces stalles au nombre de 100, d'un grand goût, ont été modelées à Dijon en 1680.

« Le sanctuaire de 45 pieds de long sur 28 de large, a quelque chose de majestueux, et ne le cède en rien au chœur pour la beauté et les ornements. De chaque côté sont deux grands bas-reliefs de pierre de Givry, représentant les mystères de la sainte Vierge et les quatre Docteurs de l'église en médaillons. Au dessus de la corniche on voit des deux côtés des bas-reliefs en bois sur la vie de Jésus-Christ, accompagnés des quatre évangélistes en figure colossale de pierre. Le fond du sanctuaire offre la mort de la sainte Vierge enlevée au ciel par un groupe d'anges. Tous ces ouvrages précieux, chefs-d'œuvre de goût, sont dûs au ciseau de J. Dubois. L'abbé Petit embellit en 1705 son église d'un buffet d'orgue, morceau exquis, placé sur une tribune qui était l'ancien vestibule. En homme de goût il détruisit tous les tombeaux qui déshonoraient le temple du Seigneur ; il en a fait d'autres en marbre noir qu'il a placés autour du sanctuaire dans des niches creusées sous le mur ; en sorte qu'ils ne gênent pas le service ni ne masquent pas le local. »

La liste de ces tombeaux est nombreuse, elle témoigne de l'étendue de l'église, et aussi de sa réputation. « On y voyait celui du bienheureux Pierre de Tarentaise, 3ᵉ abbé de La Ferté, et le premier de tout l'ordre de Cîteaux qui ait été élevé à l'Episcopat. A côté de l'épître étaient ceux de Durand de Couches qui reçut les 13 moines envoyés par saint Etienne, et de Thibaud, tous deux évêques de Chalon; à coté de l'Evangile, ceux de Ponce, évêque de Mâcon, et de Hugues Anglois, évêque de Carlile, compagnon d'exil de Saint Thomas de Cantorbéry en 1213. — Dans le cloître était le tombeau de Béatrix, comtesse de Chalon, morte en 1227, insigne bienfaitrice, petite fille de Guillaume de Thiers ; et deux mausolées de Guy et de Robert Damas de Marcilly. Ce fut aussi le lieu de la sépulture de Jossemond, archidiacre de Mâcon ; de Guillaume de Chevannes, doyen de Chalon en 1218 ; de Sibylle de Fussey, dame de L'abergement-Molleron, en 1300 ; des seigneurs de Loysie au XIIIᵉ siècle, etc. — Dans le Chapitre étaient les tombes des abbés. Le premier fut saint Philibert ; le second, Bertrand ; saint Pierre de Tarentaise, le troisième ; le bienheureux Barthélemy, le quatrième ; on le croit frère de saint Bernard, mort en 1160. Il y a eu 47 abbés ; les trois derniers ont été François Fitzjean de Chemilly, mort à 84 ans, en 1761 ; Cl. Gaspard Canabelin, mort en 1777, à 73 ans ; et Antoine Louis-Desvignes de la Cerve, né à Mâcon, élu en 1777, » qui vécut jusqu'à la Révolution. —

Celle-ci ne laissa subsister de cette antique et célèbre maison que quelques restes épars, où se sont installées des industries privées et le palais abbatial, décoré depuis du titre de *Château de La Ferté-sur-Grosne*. C'est lui que représente la photographie ci-jointe. Il date en grande partie du XVII° siècle.

Jusqu'à cette époque avaient duré les constructions primitives, avec ce caractère essentiellement féodal que l'on retrouve à tous les manoirs et à toutes les abbayes du moyen-âge. Le duc Jean sans-Peur avant de partir pour aller combattre les anglais à Azincourt, en 1415, avait fait fortifier le monastère par des ouvrages en corne du côté de la rivière, et l'avait enfermé d'une muraille fort épaisse en briques, au delà de laquelle se voyait un fossé de 25 pieds de largeur et de profondeur. On n'entrait dans l'intérieur que par un pont-levis flanqué de deux grosses tours, ce qui donnait à la maison l'air d'une prison ou d'une forteresse, plutôt que d'un couvent. En 1680, l'abbé Claude Petit, fit détruire toutes ces fortifications devenues inutiles, combla les fossés, ne conserva des anciens bâtiments que l'église, la sacristie, le chapitre et la salle voisine, et fit élever trois beaux corps de logis qui, augmentés de deux ailes au XVIII° siècle, formaient les communs et le palais abbatial. Le dernier édifice, le seul conservé après la Révolution, se fait remarquer par les qualités du meilleur style.

La façade principale, tournée au couchant et située sur une petite éminence, d'où la vue s'étend au loin sur la belle vallée de la Grosne, est ornée d'un riche fronton. Elle date de la fin du règne de Louis XIII. L'avant-corps est plus moderne ; il a été construit sous l'avant-dernier abbé Dom Canabelin, vers les dernières années du règne de Louis XV, ainsi que le grand escalier de l'intérieur qui se distingue par la hardiesse et la solidité de sa construction. Ce chef-d'œuvre d'architecture à été comme l'avant-corps, conçu et exécuté par un modeste tailleur de pierre, nommé Rameau, de la commune de Laives, village voisin de La Ferté, et renommé pour ses belles carrières. Les murs des superbes jardins qui entourent cette belle habitation, sont baignés par les eaux de la Grosne.

La Ferté fut d'abord la propriété de MM. Humblot-Conté, l'un pair de France, l'autre député de Saône-et-Loire, dont les restes reposent, ainsi que ceux de plusieurs membres de la famille, dans une chapelle funéraire élevée en 1839, à l'extrémité de l'enclos. Aujourd'hui le château appartient à M. le Baron Thénard, membre de l'Institut, fils du célèbre chimiste qui fut une des plus belles gloires scientifiques de la France au XIX° siècle.

J.-B. PAQUIER,
Professeur à l'Ecole normale spéciale de Cluny.

Boulland, phot.

STATUE DE GREUZE, A TOURNUS.

LA STATUE DE GREUZE

Jean-Baptiste Greuze naquit à Tournus en 1726 et mourut à Paris en 1805, à près de quatre-vingts ans. Plus heureux, après sa mort du moins, que la plupart de ses contemporains les plus illustres, il a laissé dans la mémoire de ses concitoyens un souvenir toujours cher, et sa ville natale lui a élevé une statue de marbre, « et non de bronze, ce qui eut été un anachronisme; car c'est au marbre qui illumine et non au bronze qui éteint, qu'il faut demander la transfiguration des peintres et des poètes, ces chercheurs de nuées qui vivent de rayons. » Et cet honneur, prodigué de nos jours à tant de médiocrités éphémères, était justement mérité par un des représentants les plus gracieux et les plus purs de l'art français au XVIII° siècle.

On a trop calomnié peut-être, (je parle au point de vue de l'art, s'entend,) ce siècle des plaisirs faciles et des mœurs légères, mais aussi de la souveraine élégance et du meilleur goût. S'il est chez nous, dans l'histoire des beaux-arts, et aussi de la littérature, un siècle éminemment français qui ne doive rien à l'antiquité, ni à l'imitation étrangère de nos voisins, n'est-ce pas le XVIII° siècle? Au XVI°, nos artistes sont pour la plupart italiens et florentins; au XVII°, romains; au commencement du XIX°, antiques; seul le XVIII° s'inspirant des mœurs et des événements contemporains, reproduit sur la toile et le marbre quelques-unes des scènes les plus gaies ou les plus gracieuses de cette grande comédie qui se joua de la Régence à la Révolution. Comme on l'a écrit, les vrais historiens de ce siècle sont, à vrai dire, les peintres; c'est Watteau, pour les fêtes de la Régence; c'est Largillière pour l'aristocratie; c'est La Tour pour les femmes de cour, les courtisans, les courtisanes, les philosophes; c'est Chardin pour la vie intime de la bourgeoisie; enfin c'est Greuze pour les scènes de l'intérieur « et les fillettes qui vont à la fontaine. » Avouons que ce monde si mêlé qui s'agite devant nous, où petits et grands se coudoient, toujours insouciants, folâtres et légers, a bien son charme; et que l'on peut agréablement et mollement reposer sur lui ses regards fatigués ou éblouis souvent des grandes scènes que nous représentent les artistes d'un plus haut génie.

Mais, entre tous, Greuze doit nous plaire par le genre qu'il a choisi, par le naturel exquis et la grâce de ses compositions, par la sensibilité vraie qui se dégage de chacune de ses toiles.

Au milieu de ces personnages enrubannés, de ces figures plus ou moins fardées qui nous rappellent trop l'Opéra, (et quel opéra du reste que le long règne de Louis XV!) nous aimons à retrouver le visage frais et rose de la jeune fille du peuple dont on dirait que le peintre prit à tâche de nous retracer l'histoire touchante, dans chacune des phases de la vie de famille. — « Suivez-la, dit M. Charles Blanc dans une remarquable étude sur le peintre de Tournus, depuis le jour où elle est allée imprudemment à la fontaine, et en est revenue les yeux pleins de larmes et le tablier plein de fleurs, jusqu'au jour où nous la retrouvons mère de famille, portant une grappe de beaux enfants roses. Elle achèvera, dans les tendres austérités du devoir, le rêve qu'elle avait fait à seize ans. Qui ne la connaît sous le nom de l'*Accordée du Village*? Qui ne l'a vue passer, se rendant à la signature du contrat, appuyée sur une amie d'enfance et conduite par son fiancé, qui n'ose encore lui serrer le bras? Sa tête charmante, encadrée dans un joli bonnet, sa taille parée d'un corsage blanc, sa rose qui est posée sur son sein épanoui lui donneraient pour fiancés tous les spectateurs, s'ils n'étaient occupés par une scène où chaque personnage joue si bien son rôle. Et d'ailleurs, l'*Accordée* a tant de modestie dans son regard baissé, dans son attitude, que l'on oserait à peine lui adresser le compliment qu'elle mérite; car elle est à la fois modeste et triomphante, ravie d'être jeune, embarrassée d'être belle, émue d'être aimée. »

De la *Cruche cassée* à l'*Accordée du Village*, c'est en effet tout un roman, ou plutôt toute une histoire naturelle et vraie, dont chaque chapitre reproduit la même figure, le même air de tête, le même regard, que vous considériez et étudiez *La Petite fille au chien*, *La Petite paresseuse*, *La Prière du matin*, *La Bénédiction maternelle*, *La Pelotonneuse*, *L'Ecosseuse de pois*, *La Paix du ménage*, toutes pages d'élite dont quelques-unes sont au Louvre. Et quelle histoire plus morale, qui parle plus au cœur que tous ces contes deshabillés et trop nus parfois, que l'on trouve étalés dans l'atelier de la plupart des peintres de cette époque. Car c'est là encore un des caractères qui distinguent Greuze de ses contemporains. « Il a peint pour un musée de famille; ses jolies figures ont droit de cité dans toutes les maisons, même les plus sérieuses; elles y viennent sourire à côté des madones. » Diderot qui s'y connaissait, écrivait : « Il fut le premier parmi nous qui se soit avisé de donner des mœurs à l'art; » et ailleurs : « Courage, courage, mon ami Greuze, fais de la morale en peinture! » Dans son siècle, Diderot avait raison.

C'est que Greuze, toute sa vie, eut le culte de la famille, le goût de la vie intime et retirée, vers laquelle le portait son génie d'artiste. Et Dieu sait pourtant si sa famille à lui fut agitée et troublée par les désordres de sa femme! « Il faudrait tout un volume, dit M. Arsène Houssaye, pour peindre Madame Greuze dans ses débordements; c'était le génie de l'adultère. Elle jouait du poignard comme elle jouait de l'éventail; elle lisait la *Religieuse* et le *Sofa;* elle avait toujours un amant caché dans une armoire, dans le paravent replié, jusque sous la table. Tout lui était bon, les hommes d'épée et les hommes de robe. Greuze ne pouvait pas prendre un élève sans qu'elle lui tournât la tête. Le peintre s'indignait, battait sa femme et la jetait à la porte; mais elle était maîtresse chez lui, parce qu'il l'aimait tout en croyant la haïr. » Et l'aimait, parce que pour lui une femme était un être sacré; et sa galanterie délicate et poétique, écrivait la duchesse de Bourbon, rappelait le beau siècle de François 1er. « Sa conversation avec les femmes était pleine de politesse et de prévenance, paraissant naître d'une admiration profonde et du sentiment vif qu'il avait de leur excellence. C'était chez lui une espèce de culte, et les louanges qu'il leur prodiguait avaient dans sa bouche une grâce, une originalité extraordinaires. »

Malheureux en ménage, Greuze se consolait en lisant Molière, en conversant avec ses deux filles qui semblaient vouloir lui faire oublier la conduite leur mère; et surtout en étudiant son art, en n'épargnant ni soins ni dépenses, pour avoir des modèles dignes des figures qu'il méditait. « Rencontre-t-il une tête qui le frappe, dit Diderot, il se mettrait aux genoux du porteur de cette figure pour l'attirer dans son atelier. Il est sans cesse observateur, dans les rues, dans les églises, dans les marchés, dans les spectacles, dans les promenades, dans les assemblées publiques. Médite-t-il un sujet, il en est possédé, poursuivi partout; son caractère même s'en ressent; il est brusque, doux, insinuant, caustique, galant, triste, gai, froid, chaud, sérieux ou fou, selon la chose qu'il projette. En un mot il a le génie et l'esprit de son art. »

Quand on saura que Greuze avait en outre l'âme fière et digne, incapable de descendre à une bassesse pour parvenir à la fortune ou à la réputation, on connaîtra l'homme tout entier. Aussi fut-il toute sa vie pauvre, et sinon complètement délaissé, du moins rejeté au second rang. « Vous avez tort, lui disait son confrère Vernet; vous vous imaginez qu'il ne s'agit que d'avoir du génie, une âme forte et sensible pour faire fortune; tandis qu'il faut des jarrets souples pour se faire pardonner son génie; avec ces jarrets-là vous auriez un logement au Louvre comme les princes de la peinture, des pensions à divers titres, et peut-être le cordon de Saint-Michel. Croyez-moi, cessez d'être grand peintre. — Que voulez-vous? répondait Greuze en tendant la main à son ami; il m'est si naturel d'avoir du talent, et si difficile de ployer le jarret. Je suis un homme d'autrefois; je ne m'incline que devant les femmes! — Alors priez donc les femmes de faire votre fortune. » Greuze s'adressa aux femmes, mais ce fut pour leur demander un peu de cette sympathie et de cet amour qu'il n'avait jamais trouvé chez la sienne; et celles-là ne trompèrent point son attente. Quelques-unes, des plus haut placées et du meilleur monde, surent dédommager l'artiste, et combler le vide qui s'était fait dans son existence. On savait encore admirer et aimer.

Pour la fortune, elle ne vint jamais; Greuze mourut au milieu de la gêne; et, ce qui fait peine à croire, au milieu de l'indifférence de tous. A ses derniers moments, il avait près de lui sa fille et un ami, Berthélemy. « Berthélemy, lui dit-il en lui serrant la main, tu seras le chien du pauvre à mon enterrement; car tu seras seul. » Berthélemy fut seul en effet au convoi du peintre. Quand on apprit à Napoléon que Greuze était mort très-pauvre et très-délaissé : « Que ne parlait-il! s'écria-t-il? je lui eusse donné une cruche de Sèvres toute pleine d'or pour payer toutes ses cruches cassées. » Cette noble générosité venait un peu tard; — et pendant quelques années encore l'auteur de tant de jolies toiles resta ignoré. Aujourd'hui, Tournus a réparé l'oubli d'une postérité inquiète, et que tant de préoccupations du reste agitèrent au commencement de ce siècle. La statue en marbre blanc de Greuze s'élève sur la place principale de sa ville natale, en face de l'Hôtel-de-Ville.

C'est loin d'être un chef-d'œuvre; la figure manque de cette dignité douce et surtout de cette inspiration qui si souvent devait animer les regards ou le front du peintre; le costume attire beaucoup trop les yeux par la richesse des détails et la pose est un peut guindée; mais l'œuvre est d'un artiste de Tournus, qui naquit dans la maison même de Greuze, et qui commence à compter parmi nos meilleurs sculpteurs. — Telle qu'elle est la statue doit attirer l'attention du voyageur et témoigner de la reconnaissance de la ville pour un de ses enfants dont la gloire rejaillira toujours sur elle.

Du reste Greuze ne doit-il pas beaucoup à Tournus; n'est-ce pas dans ses murs, au milieu de la population variée qui de tout temps remplit les rues étroites que l'artiste a puisé les sujets de quelques-unes de ses meilleures œuvres. « On voit encore à Tournus, dit M. Montégut dans ses dernières impression d'art et de voyage,¹ la petite maison où Greuze naquit et fut élevé ; elle est presque aussi laide que celle de Prud'hon à Cluny. A Cluny j'ai remarqué une ressemblance frappante entre la grâce physique de la population et le genre de beauté qui est propre à Prud'hon ; je n'ai fait à Tournus aucune observation analogue pour Greuze ; en revanche sa petite maison, située dans une longue et étroite ruelle populaire, m'explique assez bien l'origine de la mise en scène. Dans ce milieu, il put contempler plus d'une fois ces drames de la vie de famille qui abondent dans le peuple plus que dans les autres classe de la société, et prendre goût à ce pathétique lacrymatoire, très particulier aussi au peuple qui de même qu'il rit avec moins de réserve, pleure aussi avec moins de retenue qu'on ne rit ou qu'on ne pleure ailleurs. Il se pourrait donc bien que ce fût dans les spectacles familiers au voisinage de sa petite maison qu'il fallût chercher le genre premier de sa Cruche cassée, de l'Accordée du Village, de l'Enfant maudit et de tant d'autres œuvres si agréables aux heures où il ne déplaît pas à notre sensibilité, qu'on lui demande un soupçon de larmes. Quant à la statue qui lui a été élevée, elle lui donne l'air d'un jeune marquis en habit de velours, et en jabot de dentelles échappé d'un jardin de Watteau ; il est bien vrai qu'il tient à la main une palette et un pinceau, mais ces insignes de sa profession semblent n'être là que pour nous dire : vous voyez notre maître point pour s'amuser et à ses heures de loisir. »

Le malicieux critique aurait dû ajouter que le compatriote de Greuze, je dirais presque son concitoyen, Pierre-Paul Prud'hon, qui tient une place beaucoup plus grande dans l'histoire de l'art français et passe à juste titre pour le chef de l'école du XIXᵉ siècle, attend encore sa statue ; ce souvenir que des mains généreuses doivent élever à quiconque travaille à répandre dans la foule le culte du beau et du bien, car c'est un livre toujours ouvert dans lequel viennent s'intruire ou s'inspirer toutes les générations futures. Qui l'eut prédit à Greuze, l'eut singulièrement étonné, lui qui le premier présagea à l'auteur du *Déluge* le génie et la gloire. « Celui-ci ira plus loin que moi, s'écriait-il souvent ; il enfourchera ces deux siècles avec des bottes de sept lieues. »

Lors de l'inauguration solennelle du monument de Greuze à Tournus, M. Arsène Houssaye terminait son discours en disant : « Et maintenant que le *Peintre* tout habillé de cette étoffe immortelle qui s'appelle le marbre, est revenu en triomphe parmi ses concitoyens qui l'accueillent les mains pleines de fleurs et les mains pleines d'or, car ce sont eux surtout qui ont payé la statue, pensons à son compatriote et à son ami, Prud'hon, le plus grand peintre du XVIIIᵉ siècle, je pourrais presque dire du XIXᵉ siècle ; Pierre-Paul Prud'hon baptisé comme Rubens, et né près de Tournus à Cluny. J'espère un jour venir saluer sa statue, comme je salue celle de Greuze, au milieu de ses concitoyens. »

Quand donc ?

J.-B. PAQUIER,
Professeur à l'École normale spéciale de Cluny.

¹ Revue des Deux-Mondes. 1ᵉʳ mars 1873.

LA BOURGOGNE MONUMENTALE ET PITTORESQUE

Boulland, phot.

RUINES DU CHATEAU DE LOURDON.

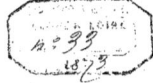

RUINES DU CHATEAU DE LOURDON

En se rendant de Cluny à Salornay-sur-Guye, des hauteurs boisées qui dominent d'un côté la vallée de la Grosne, et de l'autre le village de Lournand si pittoresquement encadré de verdure, et qu'on dirait une oasis perdue au milieu des bois et des côteaux qui l'enferment dans leurs plis, on aperçoit quelques pans de murailles noircies qui s'élèvent sur une légère éminence, non loin de la blanche église du village. De cette position, l'effet produit par ces ruines éparses et dégradées, auxquelles pourrait parfaitement s'appliquer le vers du poète latin : *Etiam periere ruinæ*, est imposant; et l'on se sent saisi, comme malgré soi, de pitié pour ces restes informes qui portent écrite sur leurs pierres, à moitié rongées, toute une histoire. C'était autrefois le puissant château fort de Lourdon, le *Palladium* de l'abbaye de Cluny, avec le château de Boutavant, dont l'œil peut encore deviner les ruines sur les flancs des monts du Mâconnais qui vont en s'abaissant du côté de la Grosne.

L'endroit était bien choisi; sentinelle avancée qui surveillait la grande route de Cluny à Chalon, Lourdon pouvait arrêter les ennemis, parfois nombreux, qui s'avançaient de ce côté, et donner aux moines de l'abbaye le temps d'organiser une sérieuse résistance. Il remonte à l'époque où l'Eglise, à l'imitation de la féodalité, s'entourait, elle aussi, de murailles, de fossés ou de gens d'armes, pour défendre ses priviléges, ses droits, et même son existence contre les adversaires acharnés qu'engendrait partout cette période de troubles et de guerres civiles continus. Puissante déjà, rayonnant jusque dans le Languedoc et la Champagne, pourvue de donations considérables et précieuses, l'abbaye de Cluny ne pouvait faillir au devoir que lui imposaient les circonstances de sauvegarder par la force les possessions immenses que la force pourrait chercher à lui enlever; et à ce moment même elle avait, parmi ses moines, un génie ardent et impitoyable, que l'avenir destinait au pontificat, et qui s'inspirant des événements et de l'état social que présentait alors l'Europe, croyait que la religion avait tout à gagner à repousser la violence par la violence, et à se faire militante et guerrière pour assurer son pouvoir et sauver son autorité. C'était le moine Hildebrand, plus tard pape sous le nom de Grégoire VII.

Or, ce fut sous les auspices d'Hildebrand, alors prieur de l'abbaye de Cluny, au milieu du XI° siècle, que furent jetés les fondements du château de Lourdon, qui grâce à sa position devint bientôt une des forteresses les plus solidement assises et les plus redoutables de la contrée.

Lui-même prit soin de délimiter l'emplacement que devaient occuper les remparts, et d'indiquer les places les plus favorables pour l'érection des tours. A ce titre seul, Lourdon doit fixer l'attention de l'historien qui peut évoquer, en considérant ces ruines aujourd'hui éparses, la grande image du tout puissant pontife, qui, de toute la hauteur de son génie, domine le moyen-âge.

C'est dire que le château de Lourdon joua un rôle actif dans l'histoire de toutes les luttes intérieures et des guerres civiles, au milieu desquelles la grande abbaye bénédictine fut fatalement entraînée, comme toutes les puissances du jour : Luttes contre les seigneurs voisins, toujours avides et remuants, qu'attiraient les richesses de l'Eglise ; luttes contre les routiers, Brabançons et autres mercenaires de mauvais aloi, qui rançonnaient en temps de paix les villes ouvertes, les monastères, ou les campagnes ; — guerres entre les Armagnacs et les Bourguignons, arrivant du midi et du nord, le long du Rhône et de la Saône, et se heurtant dans la Basse-Bourgogne ; guerres entre les Réformés et les Protestants, entre les Ligueurs et les Royalistes, tous également avides et pillards, et tous également détestés des habitants paisibles des villages et des cloîtres. — Du XI° siècle, époque de sa fondation, au XVII° siècle, époque de sa chute et de sa démolition sous le ministère de Richelieu, nous n'avons qu'à enregistrer des attaques ou des sorties, des sièges heureux ou défavorables, des revers et des succès.

Au XII° siècle il tomba au pouvoir de Guillaume, comte de Chalon, qui ravageait le pays à la tête d'un parti de Brabançons. Les habitants de Cluny sortirent en armes contre les envahisseurs ; ils furent facilement vaincus et taillés en pièces. Les moines tentèrent de fléchir la colère des vainqueurs en se rendant processionnellement au devant d'eux, revêtus de leurs habits sacerdotaux, la croix en tête et portant dans leurs mains les reliques les plus saintes et les ornements les plus précieux. Ils furent pillés, massacrés impitoyablement non loin de l'église de Cotte* ; les choses saintes volées ou profanées, et les soudards, en signe de dérision, se revêtirent des ornements sacerdotaux dont ils dépouillèrent les bénédictins. Ce ne fut pas la seule fois que les routiers ravagèrent le pays et s'emparèrent de la forteresse ; les épreuves se multiplièrent surtout dans la guerre de cent ans ; et Jean de Bourbon, abbé élu en 1457, dut consacrer de grandes sommes à la réparation des remparts. Il restaura principalement le donjon ; il ajouta une tour méridionale et d'autres bâtiments annexes, mais à peine avait-il achevé, qu'un danger nouveau s'éleva.

En 1471, à l'époque de la lutte de Louis XI contre Charles le Téméraire, Claude de Bled, seigneur de Cormatin, vint s'emparer, au nom du duc de Bourgogne, des châteaux de Lourdon et de Boutavant, et enlever les meubles, les ornements, les vases sacrés et les titres qu'ils renfermaient. Le Parlement de Dijon, dans la suite, condamna le seigneur à restituer à l'abbaye les choses enlevées, avec deux mille livres de dommages-intérêts. Surviennent au XVI° siècle les guerres de religion, les malheurs se multiplient ; avec eux les dangers qui menaçaient l'ordre de Cluny comme tous les ordres religieux.

En 1562, après le massacre de Vassy, les Réformés conduits par le vicomte de Polignac se jetèrent sur la Bourgogne, enlevèrent la ville de Mâcon, et quelques détachements de leurs troupes,

* L'église de Cotte s'élevait au milieu d'une épaisse forêt de ce nom, ainsi appelée du nom d'un lieutenant de César, Lucius Cotta, qui avait campé dans ce pays. Il y avait construit un pont dont les restes existent encore aujourd'hui, et auquel les habitants ont conservé la dénomination de *Pont de Cotte*.

conduits par les célèbres *Misery* et *Jean-Jacques*, poussèrent jusqu'à Cluny. Les moines n'eurent que le temps d'enlever les reliques les plus précieuses pour se réfugier à Lourdon. Les Calvinistes les y suivirent, firent le siège du château qui sut résister et sauver ainsi une partie du trésor monastique. Il fut moins heureux après la Saint-Barthélemy, quand la guerre recommença en 1574. Alors se place un des épisodes les plus curieux de l'histoire du château de Lourdon, que tous les chroniqueurs de l'époque ont pris grand soin de reproduire dans tous ses détails.

Le bruit s'était répandu qu'une armée d'hérétiques, irritée du massacre du 24 août à Paris, parcourait la France et descendait la vallée de la Saône, brûlant tout sur son passage. Saisis de frayeur, les religieux, pensant à toutes les pertes qu'ils avaient éprouvées, portèrent de nouveau dans la forteresse de Lourdon toutes les richesses de l'Abbaye et en confièrent la garde à un moine, nommé Gabriel de Saint-Blain. Le prieur fiscal de Cluny, Gabriel Fillioux, Huguenot plein d'audace, résolut de s'emparer du château, et il s'adjoignit dix-sept habitants dans son entreprise. Le 30 novembre 1575, ils marchèrent droit au château, et se présentèrent humblement comme des gens qui venaient emprunter quelque argent au gouverneur. Introduits dans les murs, ils firent leur requête à Dom Gabriel de Saint-Blain. Mais aux premières paroles qu'ils prononcèrent, celui-ci se récria sur sa pauvreté et l'insuffisance de ses ressources. Cependant voulant donner une preuve de confiance à Gabriel Fillioux et à ses compagnons, le gouverneur commanda de leur servir à boire et à manger, et chargea deux moines de les introduire dans l'intérieur du château. Après avoir paru hésiter un instant à accepter l'offre qui leur était faite, Fillioux et quatre de ses compagnons suivirent les frères Jérôme et Claude et entrèrent dans la forteresse. On devine facilement ce qui s'ensuivit. Pendant que Fillioux et ses compagnons s'emparaient du donjon, les Clunisois restés dans la cour avec le gouverneur, se jettent sur celui-ci, désarment les religieux et hommes d'armes qui se trouvent présents et somment le reste de se rendre. [« Toute défense est inutile, leur dirent-ils, car nous sommes ici pour un grand personnage. — Est-ce pour le roi ? répliqua le gouverneur. — Oui, dit l'un des conjurés, et nous vous montrerons des lettres de Sa Majesté. » Le château était pris. Maîtres de la place, les audacieux vainqueurs le fouillèrent dans toutes les directions, visitèrent les souterrains et les tours et mirent tout au pillage. Ils emportèrent tout ce qui avait quelque valeur, et chassèrent les moines de leur dernier refuge. Pendant quatorze mois les Calvinistes restèrent maîtres du château ; une troupe de reîtres y tenait garnison mettant tout le pays à feu et à sang ; les Réformés avait même établi un prêche à Lourdon. Cette forteresse ne fut rendue aux religieux de Cluny que sur le commandement exprès du roi Henri III, après la paix de 1576.

Pendant la guerre de la Ligue, Henri IV avait de nombreux partisans en Bourgogne, et plusieurs châteaux du Mâconnais étaient occupés par ses garnisons. Quelques détachements essayèrent, le 24 juin 1593, de surprendre celui de Lourdon. Ils approchèrent sans bruit et parvinrent facilement, vers minuit, à s'emparer de la première et de la seconde cour, et même du pont-levis. Mais un valet d'étable donna l'alerte ; le château s'éveilla, les soldats coururent à leur poste et les assaillants ne purent se rendre maîtres des écuries ni du jeu de paume qui étaient gardés. L'abbé de Guise en personne commandait la défense, faisant « *de bonne salves de son canon et force mousquetades.* » Le lendemain, les bourgeois de Cluny arrivèrent au nombre de cent-vingt arquebusiers. Cette petite troupe fit subir, du côté du jeu de paume, un rude siège aux assiégeants eux mêmes, encore maîtres de deux cours et de quelques ouvrages intérieurs. Claude de Guise parvint à faire entrer près de lui, et dans le donjon, une partie des Clunisois, et leurs efforts redoublés et réunis obligèrent les partisans du roi de Navarre à fuir et à s'échapper par une fenêtre où ils avaient fait jouer des pétards. Ils s'enfuirent avec tant de précipitation et et de désordre, qu'ils laissèrent des cuirasses, des pistolets, des chapeaux, sans compter les morts et les blessés qui demeurèrent sur la place. On remarqua sur un des pistolets abandonnés, les armes du sieur de la Guiche. Les Clunisois ne perdirent que deux hommes. La relation de ce siège prétend « *qu'ils eurent plus de courage que des Césars.* » Quelques années plus tard, en 1600, l'abbé Claude de Guise, qui s'était, en apparence du moins, réconcilié avec le roi de Navarre, devenu roi de France, tint un chapître général au château de Lourdon qu'il fit réparer avec soin. C'étaient des précautions nouvelles prises contre les Réformés ; car personne ne pouvait croire à la sincérité ni à la durée de la paix que Henri IV avait voulu assurer par l'édit de Nantes en 1598 ; et l'abbé de Guise, comme tous les membres de sa trop fameuse famille, se montrait toujours l'adversaire tenace des princes de la maison de Bourbon.

Avec le XVII siècle et l'établissement de la monarchie absolue, approchaient les derniers moments du château fort. Richelieu, « qui faisait de Louis XIII son esclave, mais de cet esclave le plus puissant des monarques et surtout le plus absolu des rois, » n'était pas disposé à tolérer plus longtemps par le royaume ces centres d'opposition systématique, ni « ces couvées d'ennemis sans cesse renaissants ; » et en 1632 sur son initiative le conseil du roi décida que tous les châteaux forts qui n'appartenaient point à l'Etat seraient démantelés. Et le château de Lourdon fut compris dans les démolitions ordonnées. On avait fait demander la ruine de Lourdon par les Etats de Bourgogne qu'on chargea de l'exécution ; et le 23 juin 1632, on vit un simple délégué de l'Intendant de Bourgogne venir à Cluny, où on avait réuni quelques soldats aux frais de la ville, tout à coup prendre, avec les troupes préparées, la possession du château « sans qu'on se fût seulement occupé de faire aucune espèce d'inventaire, ni des meubles, ni des munitions, ni des titres, ni des chartes renfermés dans le château. » Et cependant Richelieu était abbé de de Cluny ; mais l'Abbaye de Cluny ne comptait plus, depuis longtemps ; toute gloire étrangère, de quelque part quelle vînt, gênait le pouvoir royal ; il ne fallait plus au roi, ou pour mieux dire à son puissant ministre, que des sujets ; et ces sujets, quels qu'ils fussent, devaient « s'abîmer dans l'ombre. »

Aujourd'hui le château de Lourdon n'atteste plus son glorieux passé que par les ruines gigantesques et informes, tout à la fois, qui couvrent le sommet du mamelon sur les flancs duquel s'étage le village de Lournand. Ce sont surtout des colonnes ou hautes piles d'un jeu de paume qui de loin produisent un effet des plus pittoresques, et tout à côté une petite tour percée de meurtrières, sur laquelle on a peine à retrouver les armes des Guises et la croix de Lorraine.

J.-B. PAQUIER,

Professeur à l'Ecole normale spéciale de Cluny.

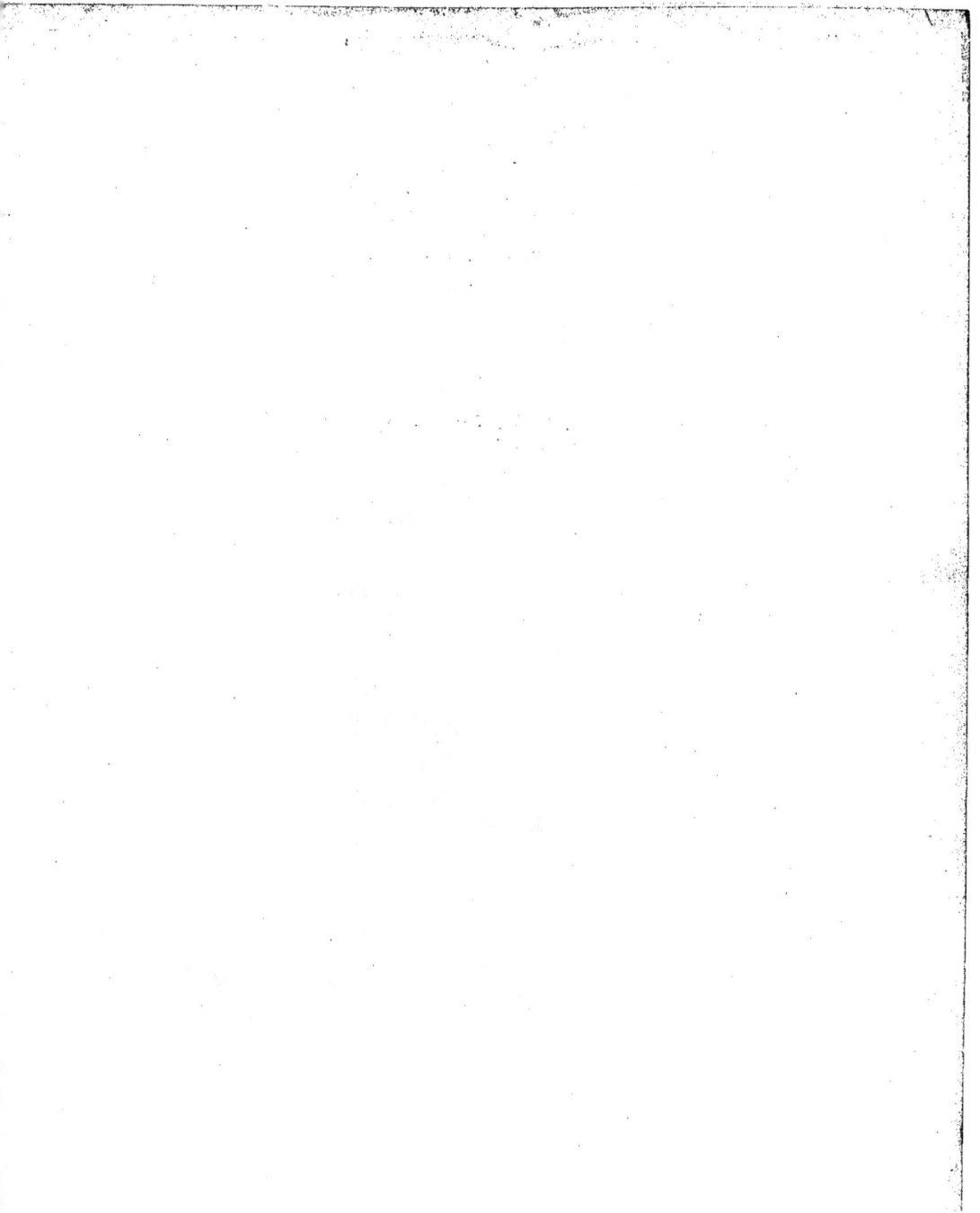

LA BOURGOGNE MONUMENTALE ET PITTORESQUE

Bouillard, phot.

CHATEAU DE CHAINTRÉ

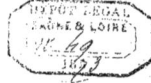

CHATEAU DE CHAINTRÉ

Sans être aussi accidenté que la région du Charollais ou de l'Autunois, sans présenter à l'œil du voyageur ou du touriste des points de vue aussi pittoresques, ni qui parlent autant à l'imagination, le Mâconnais, cependant, n'a pas des sites moins charmants ni moins délicieux, surtout le long de la belle et longue vallée de la Saône que la voie ferrée traverse de Mâcon à Villefranche. D'un côté se déroule comme au milieu d'un immense tapis de verdure, le cours *amolli* de la Saône; de l'autre, vont en s'étageant jusqu'à 5 à 600 mètres de hauteur, les monts si célèbres du Mâconnais et du Beaujolais qui portent sur leurs flancs arrondis les plus précieuses richesses du pays, en même temps que les souvenirs les plus anciens de notre histoire nationale.

Là se pressent en effet ces châteaux forts et ces tourelles, à moitié détruits ou à peu près intacts qui ont vu s'accomplir à leurs pieds les prouesses des chevaliers ou des malandrins, et se livrer les grands combats des Chrétiens contre les Musulmans, des Armagnacs contre les Bourguignons, des Catholiques contre les Protestants, etc., etc. C'est Prissé, c'est Vinzelles, c'est Chaintré, c'est Crèches, qui formaient autour de Mâcon, comme une barrière, et défendaient son approche au midi; Vinzelles, Chaintré, Crèches, dont l'histoire se trouve confondue avec l'histoire même de l'antique cité gauloise; qui sont eux-mêmes unis dans une même destinée, par les mêmes revers ou par les mêmes succès, et qui ont assisté aux mêmes événements.

En 879, Boson s'étant fait élire roi de Bourgogne, avait occupé Mâcon, et les postes importants qui pouvaient assurer le long de la Saône ses libres communications avec le midi. Mais en 880 les rois Louis III et Carloman vinrent assiéger Mâcon et s'en rendirent maîtres. Boson accourut avec une puissante armée pour reconquérir ses biens mal acquis, mais il fut prévenu et arrêté aux environs de Crèches, et complètement défait. Au pied de ce côteau ont passé également les Hongrois, quand ils vinrent en 924 ravager la Bourgogne; l'empereur Henri d'Allemagne et sa suite, revenant d'Italie, en 1015; le pape Urbain II au retour du grand concile de Clermont en 1095; le pape Calixte II; les rois Louis VII, Philippe-Auguste, saint Louis, Philippe-le-Bel, etc. Et pour combattre les barbares, ou rendre hommage aux Pontifes et aux suzerains puissants qui traversaient leurs domaines, on voyait les seigneurs de

Crèches, de Vinzelles, de Chaintré et autres lieux, abandonner un instant leurs manoirs crénelés, et suivis de leurs hommes d'armes, faire cortége au maître spirituel ou temporel. De quels faits intéressants et curieux ces régions n'ont-elles pas été témoins? A quels spectacles grandioses ou horribles n'ont-elle pas assisté? spectacles horribles le plus souvent, quand la guerre civile se perpétuait dans les provinces, et dans la nôtre surtout, que la nature semblait avoir disposée de préférence à être le théâtre de ces luttes civiles incessantes, dont nos annales sont remplies.

Les Anglais paraissent d'abord dans la guerre de cent ans, amenant avec eux les compagnies d'Ecorcheurs ou Tard-Venus qui se répandirent dans la contrée pour la piller tout à leur aise et la ruiner complètement. Ils ne la quittèrent, dit Mézeray, « que quand ils furent repus et gorgés comme des sangsues. » Les pestes suivent, non moins épouvantables que celle de 1348. Puis ce sont les Armagnacs qui se rendent maîtres des bois de Sainte-Marie, de Prissé, de Vinzelles, de Chaintré, jusqu'à ce que le comte de Suffolk et le duc d'Alençon, à la tête de troupes bourguignonnes arrivent à Mâcon, et recouvrent les châteaux forts occupés. Philippe-le-Bon, alors duc de Bourgogne, avait à sa solde un grand nombre d'Allemands, qui comptaient parmi les meilleurs des routiers ou Brabançons mercenaires, que les grands engageaient pour combattre leurs adversaires. Ce fut les Allemands que le duc chargea de tracer et de construire des routes ou des chemins larges et faciles qui pussent favoriser les communications de Mâcon avec chacun des châteaux voisins. La plus remarquable de ces voies militaires était celle qui reliait Crèches à Chaintré et à Vinzelles; aujourd'hui encore elle compte parmi les voies de moyenne communication et les habitants du pays continuent de l'appeler le *Chemin des Allemands.*

Les règnes de Charles VII et de Louis XI ne purent assurer la complète pacification du pays. En 1443 on retrouve deux ou trois bandes d'*Ecorcheurs* qui ravagent de nouveau le pays, prennent Crèches et Chaintré, et menacent même Mâcon; celle-ci dut leur donner une rançon de 540 livres pour acheter leur éloignement. En 1471, le château des Tours à Crèches, ainsi que ceux de Chaintré, de Leynes et de Vinzelles sont occupés par les troupes du dauphin d'Auvergne; mais celles-ci furent bientôt chassées par les milices du pays que soutenait la garnison de Mâcon. L'année précédente s'était passé à Mâcon un fait important, auquel avait été mêlé plus directement un Jacques de Chaintré, religieux de l'abbaye de Saint-Pierre-lès-Mâcon. Les troupes de Louis XI campaient alors dans le voisinage, prêtes à profiter de la première occasion qui leur ouvrirait les portes de la ville; quand un soir les habitants aperçurent au haut du clocher de l'abbaye la lueur d'une lanterne. C'était un religieux, Jacques de Chaintré, qui, dit la tradition, était monté au clocher pendant la nuit pour remédier à quelque dérangement survenu à l'horloge. Les habitants crurent à un signal d'intelligence que les moines voulaient faire aux troupes du roi Louis XI. Ils se ruèrent aussitôt sur le monastère avec des pelles et des pioches, démantelèrent et rasèrent les tours, murailles, pont-levis, et travaillèrent avec tant d'ardeur qu'en trois jours ils ne laissèrent rien subsister de ce beau monastère. Ce fut sur son emplacement que l'on éleva, sous Napoléon Ier, l'église paroissiale de Saint-Vincent.

Le seul fait important qui signale la fin du XVIe siècle est l'arrivée du capitaine d'Entraigues en 1562, qui renouvela avec ses Calvinistes les scènes de pillage et de massacre des Armagnacs et des Bourguignons. Depuis un demi-siècle le calme était revenu à ces contrées; et avec le calme, la prospérité et l'aisance. Déjà la culture de la vigne commençait à prendre dans cette partie du Mâconnais un développement considérable; Louis XII et François Ier étaient loin de dédaigner « ce vin si doux aux lèvres et au cœur, dit Commines, et qui donnait du goût au jeu de bataille et d'amour. » Les Calvinistes l'apprécièrent eux aussi; mais un jour ils l'apprécièrent si bien, qu'ils tombèrent, dit la chronique, ivres morts au nombre de plus de 150, précisément aux bourgs de Chaintré et de Crèches, avec leurs chefs et le lieutenant de Tavannes. Les habitants, bons catholiques, en profitèrent pour renouveler le massacre de Vassy, qu'on appela *la vendange huguenotte*. Mais terribles furent les représailles; et Tavannes fit à son tour la vendange des Catholiques, détruisant les maisons, tuant les habitants et arrachant, jusqu'au dernier, les ceps de vignes, à une distance de 5 lieues à la ronde, pour en former un grand bûcher et y mettre le feu. « Je préfère ma vendange à la leur, dit Tavannes, en se retirant, elle a été plus complète. »

Les réformés revinrent bien dans le pays en 1567 et en 1573; mais les habitants des campagnes étaient terrifiés, et ils souffrirent en silence de nouvelles déprédations. — Arriva le règne de Henri IV qui mit fin aux horreurs de la guerre civile.

Quant à Chaintré en lui-même, son histoire particulière n'a rien qui mérite l'attention, ni qui frappe l'historien. Il est fait mention du château dans deux Chartes du IXe et Xe siècles : par la première, le prêtre Androlde donnait à l'église de Saint-Vincent de Mâcon les trois quarts de l'église Sainte-Marie, qu'il possédait à Chaintré; — la seconde, était une autre donation à l'église Saint-Vincent de Mâcon, de ce que le comte Hugues avait d'hoirie au territoire de Chaintré. Plusieurs seigneurs de ce village ont porté son nom; l'un d'eux, dans la croisade de 1113, ne se fit remarquer que par la cruauté avec laquelle il traitait les ennemis vaincus. Les chrétiens, dit Gulbert de Nogent, avaient *honte et colère* de tant d'indignités; le sire attachant les captifs par les pieds, par les mains, par les cheveux, au cou, aux flancs ou à la queue de son cheval; — leur enlevant un œil, un bras, une jambe et les laissant périr d'inanition et de besoin; « tant et si bien que la pitié et les larmes venaient au plus impitoyable. » Mais en 1120, les sires Robert et Blandin de Chaintré, parent du précédent, combattirent vaillamment contre les infidèles et le premier mourut dévotement en terre sainte.

Si nous en exceptons ce Jacques de Chaintré, religieux de l'ordre de Saint-Pierre de Mâcon, que nous avons vu, en 1470, exciter à un si haut degré la fureur des habitants de la ville, le nom de cette famille ne paraît plus nulle part; celle-ci s'éteignit du reste dans le courant du XVIe siècle. Le château passa dans la famille Bernard. En 1713, M. Joly, d'une famille de Bourgogne, l'acheta des Bernard; puis il passa, vers 1755, aux mains des Palerme de Savy, qui s'appelèrent aussi Palerme de Chaintré, d'une des maisons les plus considérables du Lyonnais et du Forez.

Au commencement du XIXᵉ siècle, la terre passa, par la mort de la veuve du dernier seigneur de Chaintré, à ses plus proches parents, les dauphins de Verna. L'un d'eux, Mariste, porta le vieux château de Chaintré à la congrégation dont il faisait partie. Mais en 1869, les religieux Maristes l'ont revendu directement à M. le comte de Beaussier, propriétaire actuel.

Le château de Chaintré conserve encore en partie l'aspect qu'il pouvait avoir il y a quelques siècles. On l'aperçoit du chemin de fer, un peu avant d'arriver à la station de Crèches, en quittant Mâcon, au bout d'une très-belle avenue. ᵧ Le côté du bâtiment qui fait face à la route, est encore flanqué d'une tour carrée et d'une tour ronde crénelée, restaurée en 1736, en même temps sans doute que le corps principal de l'édifice. La façade méridionale, qui donne accès au château, après qu'on a franchi une double enceinte de fossés et une vaste cour, a conservé l'aspect imposant des fortifications du XVIᵉ siècle auquel elle semble appartenir : tours et murs percés de meurtrières, machicoulis et galeries couvertes, créneaux; rien, hormis de lourdes chaînes qui font défaut aux trois longues et étroites ouvertures par où se levait et s'abaissait le pont-levis, ne manque à cet appareil de défense. L'allée d'arbres, qui de la route aboutit au château, se prolonge à l'ouest, et conduit au travers d'un bois, à une salle de verdure située à mi-côteau. On s'y repose sur des bancs de pierres sculptées, enlevées aux soubassements des colonnes d'un portail du moyen-âge. » *(Annuaires de Saône-et-Loire.)*

J.-B. PAQUIER,

Professeur à l'École normale spéciale de Cluny.

Boulland, phot.

VUE GÉNÉRALE DE CUISERY

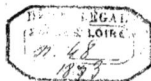

CUISERY

La petite ville de Cuisery occupe une des positions les plus pittoresques de la Bresse chalon-
naise. Située à l'extrémité et sur la pente orientale d'un coteau, d'où l'on découvre au loin les
plaines légèrement ondulées du Louhannais, le cours de la Saône et les sommets arrondis des
monts du Maconnais, elle s'étend coquettement et pour ainsi dire avec complaisance jusqu'aux
rives de la Seille. Cette rivière, au cours sinueux, qui semble couler à travers un immense
tapis de verdure, fait par elle et ses nombreux affluents la fortune et aussi le charme de ce beau
pays.

L'emplacement était parfaitement choisi pour un bourg ou une ville; aussi Cuisery remonte-
t-il à une haute antiquité; et dès l'époque de César, *Cusiriacum*, et *Cuseretum* plus tard était déjà
important. C'était un vaste entrepôt de grains et d'approvisionnements de toutes sortes, placé au
milieu de cette longue et si fertile vallée de la Saône, entre les Cévennes et le Jura; annexe indis-
pensable de Tournus, à l'histoire de laquelle sa propre histoire se trouve intimement liée. Plus
tard, pendant les invasions des barbares et sous les dynasties mérovingienne et carlovingienne,
Cuseretum disparaît pour ainsi dire, à moitié ruiné, et suivant la fortune des leudes ou des puissants propriétaires qui se partageaient la Bourgogne. A la fin du XIIe siècle, nous voyons le duc
Henri III déclarer tenir en fief de l'empire ses biens de Cuisery, de Bagé et autres fiefs de l'empereur Henri (1186). Plus tard, en 1220, nous voyons Henri de Bagé reconnaître tenir du duc en
fief son chalet de Cuisery promettant de ne le donner, ni vendre, ni séparer du duché. Ce sire de
Bagé fit construire un château fort des plus considérables, flanqué de quatre grandes et grosses
tours et qui devint un des plus puissants de la contrée. Les caves et les souterrains surtout avaient
été aménagés avec beaucoup de soin pour servir de prison; et l'on y trouve encore aujourd'hui
d'énormes anneaux en fer scellés dans les murs, auxquels on attachait les nombreux prisonniers
qui se succédèrent dans ces sombres oubliettes à l'époque des guerres civiles. Un grand nombre
même, dit la tradition ou la légende, y moururent de faim et ne furent pas même inhumés. Cela,
du reste, était commun à cette époque.

Aussi les terres de Bagé et de Cuisery, qui étaient à raison du pays d'outre Saône, dépendantes de l'empire, relevaient en fiefs des ducs de Bourgogne. En 1236, une vive querelle s'éleva pour enlèvement de bétail entre les moines de Tournus et Renaud, sire de Bagé, à la garde duquel ils avaient confié leurs fonds dans l'enclave de la châtellenie de Cuisery ; mais par un traité avec l'abbé et le sire de Bagé, la paix se rétablit. Une clause portait que « Renaud devait prier le duc de Bourgogne, son seigneur, de ne rien exiger à son occasion, de l'abbé et des bourgeois de Tournus, en réparation des dommages causés à la châtellenie de Cuisery. » Sybille de Bagé, fille unique de Guy, mort en 1248, porta au comte de Savoie, Amédée IV, les châtellenies de Cuisery et de Sagy, que ce prince échangea en 1289, avec le duc Robert, pour le pays de Revermont et Coligny qui furent alors réunis à la Bresse. En 1487, un arrêt du parlement de Beaune, décida un procès entre les châtelains de Sagy et de Cuisery d'une part, et Hugues de Vienne, seigneur de Louhans, d'autre part ; il fut réglé « que selon la coutume générale du comté de Bourgogne, les châtelains en useraient chacun dans son district ; et qu'en cause d'appel, ce serait le bailli de Chalon ou son lieutenant au siège de Saint-Laurent. »

Après la réunion à la couronne de France, Cuisery devint châtellenie royale, qui conserva jusqu'à la révolution ses officiers et sa juridiction sur l'ancien pied. L'édit de Louis XV, qui réunissait les châtellenies aux bailliages, n'avait point compris Cuisery ; car cette ville était à la distance de plus de cinq lieues de Chalon. Son ressort ne s'étendait pas sur moins de 16 villages ou hameaux de droit écrit ; et sur moins de 11 de droit coutumier ; ses officiers étaient un châtelain, un lieutenant, un procureur du roi ; et les séances se tenaient dans l'unique tour qui subsiste encore aujourd'hui, des quatre qui flanquaient le vieux manoir du sire Henri de Bagé. Cette petite ville avait joui d'autres priviléges que la royauté fit disparaître : c'est ainsi qu'en 1376, Philippe le Hardi passant à Cuisery, lors de son voyage à Avignon, accorda les profits du droit d'aunage aux habitants pour réparer les chaussées et les pavés ; plus tard, les ducs de Bourgogne lui permirent de battre monnaie ; il existe encore des pièces datant de 1425.

Quant à ce qu'on pouvait appeler l'histoire extérieure de Cuisery, elle est marquée, comme celle de toutes les villes de cette région, par des sièges, des luttes le plus souvent malheureuses. En 1357, cette ville fut assiégée par le comte de Savoie ; il s'y fit un traité de paix entre ce prince et le duc de Bourgogne l'année suivante. — Autre traité en 1426 ; entre le duc et le comte de Savoie, ménagé par Etienne Quedon et Lemoine de Neuville, conseillers de Philippe-le-Bon. Prise de nouveau par les Allemands, après la déroute de Craon, devant Dôle, en 1477, elle se rétablissait quand elle fut saccagée le 12 janvier 1568 par Traves de Saint-Léger, chef des calvinistes, le même qui fit prisonnier l'évêque Erlant, député au concile de Trente. Six prêtres furent égorgés au sac de la ville.

A l'époque des guerres de religion, le roi avait placé en garnison à Cuisery la compagnie de Maugiron, son lieutenant en Dauphiné. Les soldats ayant appris que Moulbrun faisait descendre par la Saône un bateau chargé de l'argenterie et des reliquaires enlevés à la cathédrale

de Chalon, l'arrêtèrent à deux lieues au-dessous de Macon, et enlevèrent le butin qu'ils con-
vertirent en lingots à Tournus. N'ayant pas trouvé à l'y vendre, non plus qu'à Cuisery, ils
le portèrent à l'hôtel de la monnaie de Lyon, pour convertir le tout en espèces, c'est-à-dire
que protestants et catholiques dépouillaient également les églises.

Sous le ministère de Richelieu, la contrée devint le théâtre d'une lutte sanglante contre
les impériaux. C'était au milieu de la guerre de trente ans. Le prince de Condé, alors gouverneur de la Bourgogne, avait reçu l'ordre de s'emparer de la ville de Dôle (1636); mais le
rappel d'une partie de ses troupes et l'arrivée de Galas, à la tête des impériaux, l'obligèrent
à abandonner cette place. Après la retraite du prince, l'armée impériale grossie de celles du
duc de Lorraine et du roi d'Espagne, pénétra en Bourgogne, descendit le cours du Doubs et
de la Saône, s'empara de Verdun, de Tournus, et vint saccager Cuisery et les environs dont
les murailles, insuffisantes pour une résistance sérieuse, furent en partie détruites. Cependant
la résistance de Saint-Jean-de-Losne qui arrêtait le gros des troupes fit évacuer le pays; et
Galas ne put ravager et ruiner la plaine de la Bresse, comme il en avait le désir.

Mais le plus grand désastre de Cuisery arriva le 28 septembre 1652. Cinq cents soldats de
la garnison de Seurre, qui tenaient pour le prince de Condé durant la Fronde, conduits par
La Tour-Serville, Longe-Pierre, Chintry et autres, pillèrent et saccagèrent cette place. Ils
emmenèrent plusieurs prisonniers, entre autres Etienne Balay, lieutenant de la châtellenie,
qui fut racheté à Branges. Quatre moururent à Seurre des mauvais traitements qu'ils essuyè-
rent. Les conséquences de cette guerre se firent durement sentir: le pays fut ruiné pour plusieurs années; et les habitants, incapables de satisfaire aux charges imposées, durent obtenir
exemption de tailles et autres charges pendant un certain temps. Ce fut le dernier événement
remarquable qui se passa à Cuisery. Avec la seconde moitié du XIIIᵉ siècle, toutes les histoires
locales disparaissent en France; il n'y a plus que l'histoire nationale ou du pays entier, que
représentait à ce moment le Grand-Roi.

Aujourd'hui Cuisery est une coquette et paisible ville, qui vit au milieu du calme et de l'abondance, oubliant son passé, parfois si agité et si malheureux, et ne conservant du reste presque
aucun monument qui lui rappelle sa vieille histoire. A l'exception de la tour, dont nous par-
lons plus haut, il ne reste en effet que l'église qui est très-belle et dont l'abbé Courtépée
donnait, vers la fin du XVIIIᵉ siècle, une notice intéressante.

Cette église remonte à 1348. « Guillaume de Thurey, doyen de Lyon fonda, cette année à
Cuisery, une chapelle pour six chapelains, qui formèrent une espèce de mépart, depuis érigé en
chapitre, auquel le cardinal d'Amboise unit la cure en 1504. Un doyen fut établi avec cinq
prêtres appelés *concurés*. Jean de Lugny, seigneur de Branges, procura cette union à ses
frais, et se réserva la présentation des six membres, dont jouit encore le seigneur de Branges.
Le curé en titre, qui est chanoine, était jadis à la nomination de l'abbé d'Ambournay, qui
ne se départit de son droit, selon la bulle d'érection qu'en faveur des mâles descendants des
Thurey, à l'extinction desquels le chapitre nommerait le curé. » Le doyen avait séance aux

Etats de Bourgogne; le chapitre avait fourni deux députés aux Etats de Blois en 1588.

L'église est à peu près telle aujourd'hui qu'elle était à l'époque de l'abbé Courtépée. « Eglise voûtée; beau chœur. Le rétable en bois du maître-autel représente la mort de la sainte Vierge dans le goût flamand. Saint Pierre en étole tient un Rituel; saint Jacques un chapelet; un autre porte la croix. Dans la nef, portrait de Pierrette Pousard, insigne bienfaitrice; elle fit construire la tour du clocher qui est belle, ayant trois voûtes bien faites les unes sur les autres. On jouit, du dessus des terrasses, de la vue la plus agréable et la plus variée.

« Tombeau de Jacques de Bretagne, baron de Villeneuve, fondateur en 1663 de la chapelle Saint-Bernard qui sert aujourd'hui de sacristie, le service ayant été transféré en la chapelle Ragon, à M. de la Villeneuve comme descendant du fondateur.

« Onze chapelles (dont trois ont été unies au chapitre et trois aux chapelains) :

« 1° Celle de Thurey, dite de fer (autrefois grillée), qui fut le berceau du chapitre;

« 2° Celle de Guynet, bâtie par Antoine Guynet, prêtre, en 1526;

« 3° De l'Enfant Jésus, fondée par N. Vigot, recteur de l'église, en 1668.

« Deux chapelles rurales : une de saint Benoît, sur le chemin de Cuisery à Tournus; l'autre de Notre-Dame, à la Chaux, sur le chemin de Cuisery à Chalon. Dans la ville, chapelle de Saint-Pierre; le chapitre est seigneur de tout ce qui l'avoisine. »

J.-B. PAQUIER,

Professeur à l'Ecole normale spéciale de Cluny.

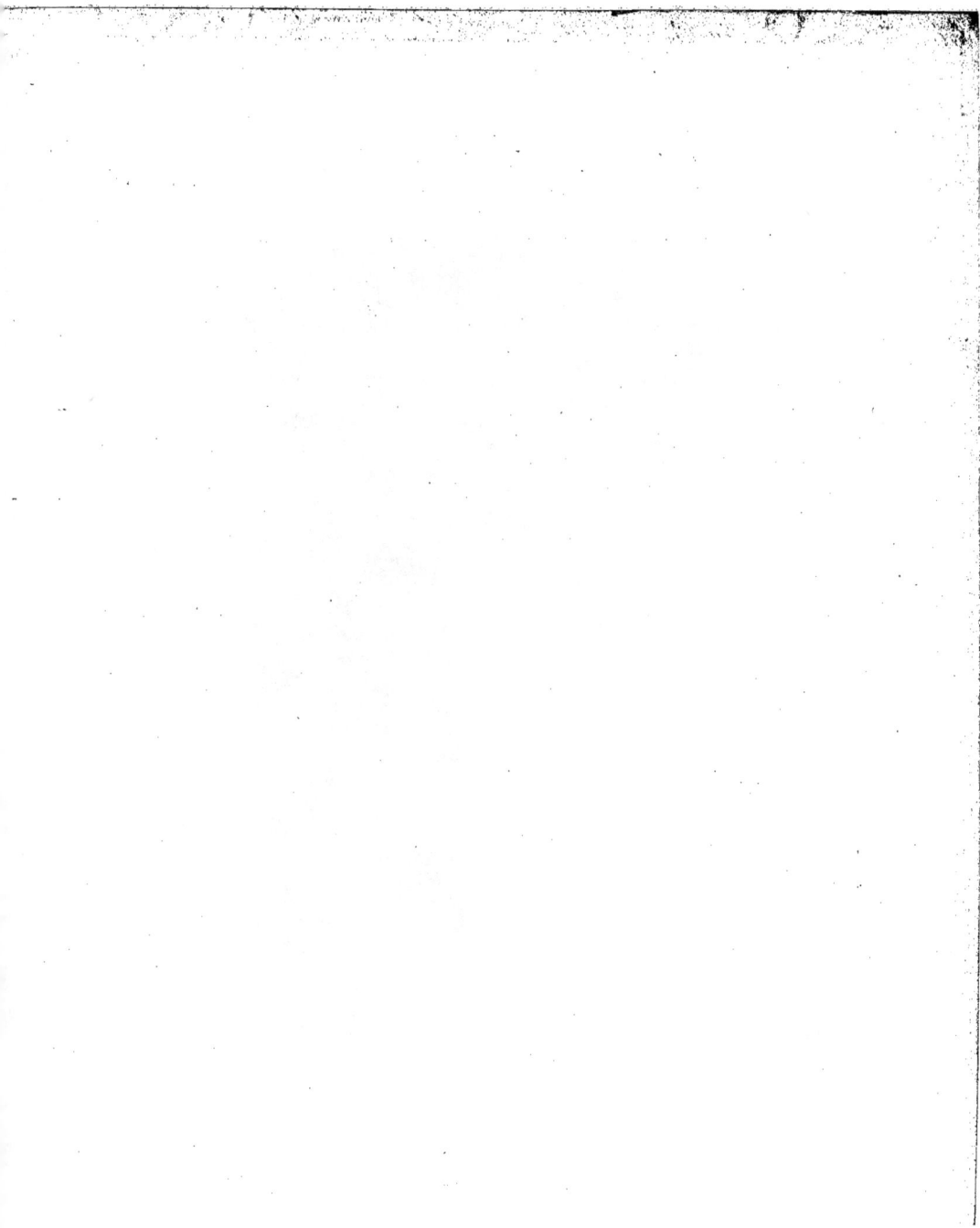

LA BOURGOGNE MONUMENTALE ET PITTORESQUE

Boullard, phot.

CHATEAU DE BRESSE-SUR-GROSNE

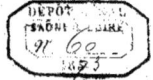

CHATEAU DE BRESSE-SUR-GROSNE

Le château de Bresse est situé au bas d'une légère éminence, à l'extrémité du village de ce nom qui s'étend non loin des rives de la Grosne, sur la route de Cormatin à Chalon-sur-Saône. Les dépendances se continuent dans la direction de cette dernière ville par une très-belle ferme et ses annexes, du plus pittoresque effet, et que l'on prendrait pour un châlet suisse, transporté au milieu de nos pays.

Pour le château lui-même, c'est une véritable demeure princière, qui nous rappelle les plus beaux monuments de ce genre, disséminés le long de la Loire, ou à travers l'ancienne Ile de France. Il gagnerait peut-être à s'élever, non au bas du côteau, mais sur les hauteurs du parc, un peu plus loin des habitations étrangères, qui tout en nuisant à la vue, l'empêchent de saisir dans leur ensemble les beautés qu'on y découvre à chaque pas. La construction primitive de cette demeure seigneuriale remonte au XIIᵉ siècle. La forme qu'on lui avait donnée, et qu'elle a, en grande partie, conservée, était curieuse. Elle représentait assez bien un vaisseau, tel qu'on en voit encore aujourd'hui figurer dans les gravures du moyen-âge, avec les bâtiments en forme elliptique qui relient le donjon à la grande tour ronde placée à l'avant de l'édifice. La légende, qui explique et anime tout, nous rapporte qu'un sire de Bresse, revenu sain et sauf d'une croisade contre les infidèles, aurait voulu, en construisant un manoir, lui donner la forme d'un vaisseau, en souvenir de son expédition en terre sainte. Cela nous reporterait à la fin du XIIᵉ siècle; Philippe-Auguste et Richard d'Angleterre étant les premiers princes chrétiens de l'Occident qui eussent suivi la route maritime dans leur pèlerinage en Palestine. Peut-être ce sire de Bresse inaugurait-il avec le roi de France cette voie nouvelle ouverte à l'activité et à la foi des chrétiens.

A ces constructions primitives, que l'on retrouve avec leur cachet propre, et leur architecture particulière, sont venues s'ajouter dans la suite des siècles, des constructions plus récentes qui rappellent les styles de la Renaissance, de Louis XIII et de Louis XV; le tout formant un ensemble harmonieux où règne le meilleur goût et le sentiment de l'art le plus délicat et le plus fin. On ne peut dire que c'est grandiose; mais on répète que c'est beau, varié et riche, et nous avons ainsi dans nos contrées une des plus vieilles maisons seigneuriales de Bourgogne, qui tout en conservant, écrits sur ses flancs, les souvenirs et les traditions du vieux temps, s'est insensiblement transformée pour offrir à ses visiteurs et à ses hôtes toutes les splendeurs du confortable et du luxe de la vie moderne. Ajoutons qu'un parc d'une immense étendue entoure et protége pour ainsi dire de ses vieux arbres et de son ombre épaisse le manoir. Il va se perdre dans les bois de Chamlieu et de Chapaize qui dominent les hauteurs d'entre Grosne et Saône.

Attenante au château, est une chapelle construite sur l'emplacement de l'ancienne église de Bresse. Ce monument, qui remontait assez haut avait une certaine importance. On cite une bulle du pape Alexandre III (1180), qui accorde au chapitre Saint-Vincent de Châlon les droits de patronage ou de collation sur l'église de Bresse ; et ces droits ont subsisté jusqu'à la révolution. D'anciens titres du XVe et du XVIe siècle établissent qu'elle était desservie par trois chapelains, lesquels jouissaient, à cet effet, de champs, de vignes et de prés étendus qui longeaient la rivière. Il ne reste de cette vieille église, démolie en 1861, que le clocher et la sacristie qui sont entrés dans l'église nouvelle élevée aux frais du propriétaire actuel du château, M. le comte de Murard, d'après les plans et sous la direction de M. Berthier, architecte du département. C'est un gracieux édifice construit dans le genre roman-byzantin, et que le fondateur a très-richement décoré.

L'autorité exercée par la seigneurie de Bresse était assez étendue. Encore au XVIe siècle, on trouve plusieurs fiefs qui en dépendaient. D'abord celui de Creteuil, nommé en 1365, dont on ne sait absolument rien, mais qui doit son nom à un membre de la famille ancienne de Creteuil, paroisse de Chaudenay-sur-d'Heusne. Puis le fief de la Motte de Bresse, que nous trouvons dès le règne de Charles VI, entre les mains de Mathey Gevray, qualifié de seigneur de la Motte de Bresse, en Châlonnais, et qui figure dans les *montres* et *semonces* de ce temps. Sa veuve, Jeanne de Saint-Julien de Baleure eut, pour son domaine, la moitié de la maison dite de la Motte de Bresse, dont elle fit hommage au sire de Bresse en 1473. Ce fief de la Motte existait encore en 1763 et faisait partie du dénombrement donné cette année par Claude de Dyo. Il relevait de Sassangy pour la haute justice. Enfin le fief de la Rouhe, qui figure dans le dénombrement de 1605 et dans celui de 1763. Il relevait de Bresse pour la seigneurie ; de Cormatin pour la justice. — Ces trois fiefs de Creteuil, de la Motte et de la Rouhe, ont été successivement fondus dans la seigneurie de Bresse. Les manoirs existent encore aujourd'hui avec leur aspect féodal et font partie, comme domaine, de la terre de Bresse.

Qu'était-ce que cette seigneurie de Bresse? Quel rôle a-t-elle joué dans l'histoire de la féodalité? Ce n'est qu'au XIVe siècle qu'on voit se signaler particulièrement une famille de Bresse, qui prend place parmi les plus importantes de la Bourgogne. Jusque-là, dans les temps qui ont précédé, cette maison n'a, pour ainsi dire, aucune histoire particulière. On peut croire que comme les sires d'Uxelles, de Brancion et de Cormatin, ceux de Bresse menaient une vie assez aventureuse, faite de guerres et de tournois, sans compter les luttes contre les maisons abbatiales de Cluny, de La Ferté et de Tournus. Quant à l'histoire de nos guerres civiles, qui devaient se continuer pendant des siècles ; aller des Brabançons et des Routiers aux Ligueurs et aux Royalistes, le château de Bresse, par sa position même, ne dut pas jouer un rôle prépondérant.

Rien ne le défendait d'une manière efficace contre les ennemis, et bien souvent il dut changer de maîtres.

Cependant, dès le XIe siècle, on trouve quelques membre d'une famille de Bresse, qui affectionnent, principalement les aînés, le nom de Robert. Un d'eux, Anselme de Bresse, se fit moine sur ses vieux jours. Il avait eu quatre fils; l'aîné, le chevalier Robert paraît avoir continué la lignée principale; de lui naquit un second Robert qui épousa Mlle de l'Epervière, sœur de Guillaume de l'Epervière, diacre de Chalon-sur-Saône.

Vers la fin du XIIe siècle, un Robert de Bresse épouse la veuve de Simon de la Chapelle Bragny.

En 1274, paraît un nouveau Robert de Bresse, père de Guillaume de Bresse, mari d'Alix, fille du chevalier Guillaume Perrechamp. Cette Alix fit hommage en 1282, de son fief patrimonial, entre les mains de l'abbé de la Ferté. Ce sont ces deux époux, Guillaume et Alix qui, en 1283, fondèrent, sur l'emplacement de la première, la seconde chapelle de Bresse qui a été démolie en 1861.

A la fin du XIVe siècle, on retrouve un Hugues de Bresse, châtelain de Montcenis et bailli d'Autun. Ce sire-chevalier possédait, entre autres seigneuries, des droits utiles sur les tavernes de Châlon, dont il fit hommage en 1366 au duc de Bourgogne. En 1400, Guillaume de Bresse, fils du précédent, vendit au duc Jean sans Peur, sa part de la vicomté de Chalon qu'il tenait d'une alliance avec les dames de Marcilly. Guillaume de Bresse épousa Alix de Bourbon. De ce mariage naquirent deux filles, Alix et Marguerite. La seconde épousa Eudes du Bled, seigneur de Cormatin; Alix, Antoine Palatin de Dyo son parent, issu lui-même d'une fille d'Anselme de Bourbon. Ce seigneur devint ainsi par sa femme maître de la terre de Bresse, qui depuis resta dans sa maison plus de trois cents ans.

L'histoire de la famille de Bresse se confond dès lors dans celle de la maison Palatin de Dyo, une des plus connues de la Basse-Bourgogne, et dont la généalogie se trouve partout. Qu'il suffise de mentionner ici Antoine Palatin de Dyo et sa femme Alix de Bresse; Jean Palatin et sa femme Marie de Traves; Jacques Palatin et Jeanne de la Guiche; Jean Palatin et Louise de Chante-Merle.

En 1605, Louise de Chante-Merle, dame de Dyo, n'ayant point d'enfant mâle, racheta la terre de Bresse, de ses deux filles Léonore et Françoise. La première avait épousé Claude de Chante-Merle, dit de la Motte, baron de La Clayette, son cousin germain; et la seconde le baron François de Thiange. Après cette dame, la terre de Bresse échut à Jacques Palatin de Dyo, seigneur de Montperroux, mari de Léonore de Thiange, sa cousine, qui la vendit à réméré, en 1617, à l'abbé de la Ferté,

En 1609, Charles de Dyo la racheta avec bénéfice des constructions importantes faites dans la construction du château par l'abbé de la Ferté; et dans son testament, daté de 1706, il la donna avec clause de substitution graduelle et perpétuelle à Charles Henri de Dyo, son neveu. Le fils de ce dernier, Claude Gustave, la reprit de fief le 14 juin 1762; et sa fille Henriette Marie, mariée à Nicolas de Camlis, vendit la terre de Bresse à Philibert Chiquet, président de la Chambre des Comptes par acte du 22 mars 1769. Le président Chiquet laissa par testament ladite terre à Jean Chrysostôme Chiquet, son neveu. Ce dernier eut de son mariage avec Marguerite Morel de Corberon deux filles ; la cadette, Pauline, mariée au marquis de Beaurepaire ; l'aînée, en épousant le comte de Murard de Saint-Romain, apporta la terre de Bresse dans la famille de Murard qui la possède aujourd'hui.

Nous avons vu ce que M. le comte de Murard a fait du château de Bresse ; et des nombreux domaines qu'il possède dans le Mâconnais et le département de Saône-et-Loire, celui-là est sans contredit le plus beau et le plus digne de fixer l'attention du touriste.

J.-B. PAQUIER,

Professeur à l'Ecole normale spéciale de Cluny.

LA BOURGOGNE

MONUMENTALE & PITTORESQUE

ALBUM

Contenant les vues photographiées des principaux monuments
de la Bourgogne

PAR

A. BOULLAND, photographe

AVEC LES

NOTICES HISTORIQUES

RÉDIGÉES PAR

J.-B. PAQUIER

Professeur à l'École normale spéciale de Cluny

Livraison 3

CLUNY

IMPRIMERIE J.-M. DEMOULE, PLACE DE L'HOPITAL

—

1872

LA BOURGOGNE

MONUMENTALE & PITTORESQUE

ALBUM

Contenant les vues photographiees des principaux monuments
de la Bourgogne

par

A. BOLLLAND, photographe

avec des

publiées par

J.-B. PAQUIER

Professeur à l'École normale spéciale de Cluny

1re livraison

CLUNY
IMPRIMERIE J.-B. DÉSOLT E. PLACE DE L'HOPITAL

LA BOURGOGNE MONUMENTALE ET PITTORESQUE

PARAIT DEUX FOIS PAR MOIS

PRIX DE L'ABONNEMENT :

Pour 10 livraisons : 20 francs.
Pour 15 livraisons : 30 francs.
Pour 20 livraisons : 40 francs.
Une livraison détachée : 3 francs.

ON S'ABONNE :

A Cluny, chez A. BOULLAND, photographe, et chez les principaux libraires de Mâcon, Chalon, Autun, etc.

Cluny. — Imp. J.-M. DEMOULE, place de l'Hôpital.

LA BOURGOGNE

MONUMENTALE & PITTORESQUE

ALBUM

Contenant les vues photographiées des principaux monuments
de la Bourgogne

PAR

A. BOULLAND, photographe

AVEC LES

NOTICES HISTORIQUES

PAR

J.-B. PAQUIER

Professeur d'histoire et de géographie à l'École normale secondaire spéciale de Cluny

Livraison 4

CLUNY

IMPRIMERIE J.-M. DEMOULE, PLACE DE L'HOPITAL

—

1872

LA BOURGOGNE

MONUMENTALE & PITTORESQUE

ALBUM

Contenant les vues photographiques des principaux monuments
de la Bourgogne

par

A. BOULLAND, photographe

avec

NOTICES HISTORIQUES

par

J.-B. PAQUIER

Professeur d'histoire et de géographie à l'École normale secondaire spéciale de Cluny

Réunion

CLUNY
IMPRIMERIE J.-M. DESROGUE, PLACE DE L'HÔPITAL

Pour 10 livraisons : 20 francs.
Pour 15 livraisons : 30 francs.
Pour 20 livraisons : 40 francs.

ON S'ABONNE

LA BOURGOGNE MONUMENTALE ET PITTORESQUE

PARAÎT DEUX FOIS PAR MOIS

Les 20 premières livraisons formeront un beau volume de 80 pages
de texte, et contiendront les vues et les notices
des monuments qui suivent :

PRIX DE L'ABONNEMENT :

Pour 10 livraisons : 20 francs.
Pour 15 livraisons : 30 francs.
Pour 20 livraisons : 40 francs.
Une livraison détachée : 3 francs.

ON S'ABONNE :

A Cluny, chez A. BOULLAND, photographe, et chez les principaux libraires de Mâcon,
Chalon, Autun, etc.

Cluny. — Imp. J.-M. Demoule, place de l'Hôpital.

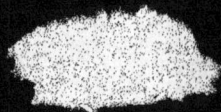

www.ingramcontent.com/pod-product-compliance
Lightning Source LLC
Chambersburg PA
CBHW060146100426
42744CB00007B/915